ボランティア
コーディネーション力

市民の社会参加を支えるチカラ

りょく

認定特定非営利活動法人
日本ボランティアコーディネーター協会──編集

早瀬　昇／筒井のり子──著

第3版

ボランティア
コーディネーション力 りょく
検定公式テキスト

中央法規

は じ め に

　人々の価値観が多様化し、社会的な機能もより専門分化する現代。私たちの暮らしや仕事にとって"コーディネーション"の機能が不可欠になってきています。

　市民の自発的な社会参加と継続的な活動を支える"ボランティアコーディネーション"（VCO）の働きもその1つです。単にボランティアしたい人と受け入れたいニーズをつなぐという狭い意味での機能だけではなく、一人ひとりが市民社会づくりに参加し、さまざまな社会課題に対して、その力と可能性を発揮できるように支える役割は、今私たちが暮らす社会のあらゆる場面で求められています。

　私たち認定特定非営利活動法人日本ボランティアコーディネーター協会（JVCA）では、この"市民の社会参加を支えるチカラ"と"異なる人・組織の協働を支えるチカラ"を「ボランティアコーディネーション力」と名づけ、次のように定義しました。

**　　ボランティア活動を理解してその意義を認め、**

**　　その活動のプロセスで多様な人や組織が対等な関係でつながり、**

**　　新たな力を生み出せるように調整することで、**

**　　一人ひとりが市民社会づくりに参加することを可能にする力**

　そして、この「ボランティアコーディネーション力」の重要性を多くの人に知っていただき、その力を身につけ、身近な地域社会や、各自の所属する組織、その他幅広い市民活動の場面において発揮していただくために、2009（平成21）年より「ボランティアコーディネーション力検定」を開始しました。

　ボランティアコーディネーション力検定は、ボランティア活動やコーディネーションの経験がある皆さんに幅広く受けてほしい「3級」から始まり、実務を進めるうえでも役立つ「2級」、さらに包括的なボランティアコーディネーションの実践をめざす「1級」と、3つのレベルを設定しています。

　それぞれの合格者像は、以下の通りです。

VCO 力検定	合格者像
3級	ボランティアならびにボランティアコーディネーションに関する基礎的な理解ができている
2級	ボランティアコーディネーションに関する知識を実務に応用する力をもっている
1級	ボランティアコーディネーション力を使って、社会課題解決に向けた有効で実行可能な方策を提案できる力を身につけている

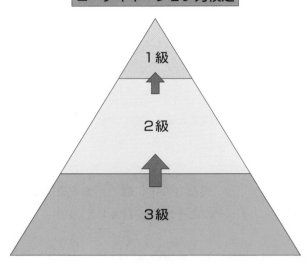

全 体 像

ボランティア
コーディネーション力検定

1級

2級

3級

　本書は、このうちボランティアコーディネーション力３級検定と２級検定に使用するために作成された公式テキストです。2009（平成21）年に発行した旧版（筒井書房）の内容を全面的に見直し、2015（平成27）年にリニューアルして初版を発行しました。今回はその第３版となります。

　テキストは４つの章で構成されています。執筆は、序章、第２章、終章を本会代表理事で検定・認定システム化検討委員会委員長を務めた筒井のり子（龍谷大学）が、第１章を本会理事の早瀬昇（大阪ボランティア協会、日本 NPO センター）が担当しました。なお、それぞれの執筆内容については、多様な分野のメンバーで構成される検定・認定システム化検討委員会での議論をふまえたものとなっています。

　序章「今、なぜ、ボランティアコーディネーション力なのか？」では、現代社会でボランティアコーディネーション力が必要とされている理由や、他のさまざまなコーディネーターとボランティアコーディネーターの関係について整理しています。

　第１章「『ボランティア』の理解」では、ボランティアコーディネーションを行ううえでの重要な要素となるボランティア活動に関する基本的な知識を理解するために、そのキー概念や日本における歴史、ボランティアの捉え方などを記載しています。

　第２章「ボランティアコーディネーションの理解」では、"コーディネーション"の意味と現代社会における必要性を確認したうえで、"ボランティアコーディネーション"の概念を整理しています。そして、ボランティアコーディネーション力が、どのような場でどのように発揮されるのか、その視点は何かについて事例をあげて紹介しています。さらに、仕事としてボランティ

アコーディネーションを行っているスタッフ（ボランティアコーディネーター）の役割と実情についても学ぶ内容になっています。

終章「ボランティアコーディネーション実務の向上に向けて」では、本書で紹介したボランティアコーディネーションの目的、機能、役割に加えて、実務内容も含めた「ボランティアコーディネーションの構成要素」を紹介しています。そして、２級検定で本格的に学ぶボランティアコーディネーション実務の内容についても簡単に紹介しています（＊終章の内容は、ボランティアコーディネーション力３級検定の範囲には入りません）。

本書は、ボランティアコーディネーション力検定の公式テキストとして書き下ろされたものですが、検定受験者にとどまることなく、ボランティア活動やボランティアコーディネーションにかかわるすべての人にとって、基本的知識と視点を確認し、より良い活動への指針を示す一助になるものと確信しています。

本書とボランティアコーディネーション力検定のシステムが幅広く普及し、多くの方々との新たな出会いと協働が始まることを期待しています。

2024年2月

　　　　　　　　　　認定特定非営利活動法人日本ボランティアコーディネーター協会

ボランティアコーディネーション力 第3版
——市民の社会参加を支えるチカラ
ボランティアコーディネーション力検定公式テキスト

目　次

第2章 ボランティアコーディネーションの理解

第1節▶ 現代社会の課題とコーディネーション機能

第2節▶ ボランティアコーディネーションの概念

今、なぜ、ボランティア コーディネーション力 なのか？

日本において「ボランティア」や「ボランティア活動」という言葉が特殊な用語ではなく、日常的に使われるようになってどのくらい経つでしょうか？

　ボランティア（活動）という行為自体は、その言葉ができる以前から存在していましたし、また、ボランティア（活動）という言葉もかなり古くから人々に知られていました。しかし、多くの人にとって身近なものと感じられるようになったのは1980年代以降、実際に参加が広がったのは、1995（平成7）年の阪神・淡路大震災以降といえるでしょう。その後、全国どこであれ災害が発生した際には、老若男女を問わず多くのボランティアが駆けつけるようになりました。そして2011（平成23）年に発生した東日本大震災を見ても分かるように、災害直後だけではなく、復興に向けた息の長い活動も展開されています。

　災害時だけではありません。日常においても、身近な地域活動で、またさまざまな分野の施設やNPOで、さらに学校教育の現場、企業の社会貢献活動の一環として、あるいは地方自治体のイベント等でも当たり前のようにボランティアの活躍する姿が見られるようになりました。自らの経験や特技を活かしたり、あるいはまったく新しいことにチャレンジしたりして、関心あるテーマや地域づくりにかかわりたいという市民は、着実に増えているように思われます。

　一方、現在の日本社会を見ると、少子・高齢化や貧困、孤立化などの問題、環境保全や伝統文化の継承、多文化共生など、さまざまな課題が発生しています。それらの問題は互いに重なり合って、地域コミュニティや人々の日常生活に深刻な影響をもたらします。こうした問題の解決に取り組むためには、まず、一人ひとりの市民の意識改革と参加が鍵になります。さらに、多様なタイプ・分野のNPOや地域組織、機関、施設、また行政・企業・非営利組織がセクターの違いを超えて互いに連携し、協働することがとても重要になっています。

　このように、自発的に課題に取り組む市民、そしてより幅広い「市民参加」の広がり、さらに、多様な主体による連携・協働がますます期待されているのです。

●本当に市民の参加は増えているのか？

　しかし、現実はどうでしょうか？　そもそも、本当に市民の参加は増えているのでしょうか？　地域コミュニティに目を向けると、「自治会

の加入率が下がっている」「地域活動に参加する人はいつも同じ」「役員のなり手がいない」などの悩みが聞こえてきます。また、「ボランティアが集まらない」「新しいメンバーが定着しない」「リーダーの後継者がいない」といった問題を抱えているNPOや施設もたくさんあります。最近は、ボランティアセンターで「ボランティア入門講座を開いても人が集まらない」という実態も耳にします。より幅広い市民の新たな参加を得るためには、それまでとは違う "何か" 工夫が必要になります。

●ボランティアの力は本当に活かされているのか？

　さらに、個々の実践現場を見ていくと、自発的に参加した人々の思いやもてる力が、必ずしも十分に活かされているとはいえない状況に出くわすことがあります。一方、ボランティアによる自発的な活動が地域や組織、個人のニーズとうまくかみ合っていない場面もよく見かけます。その結果、ボランティア活動に参加した市民も、ボランティアを求める側も不充足感を覚え、気力を消耗してしまい、互いに不信感を募らせてしまうという事態に陥ることが少なくありません。"市民参加" の必要性は理解していたとしても、実際にそれが有効に機能していない現実がたくさんあるのです。

　ボランティアの思いや力が十分に活かされ、かつ地域や組織、個人のニーズに効果的に対応できるためには、やはり "何か" が必要なのです。

●異なる分野・組織の協働はうまくいっているのか？

　以前と比べると、福祉、環境、教育、文化、国際……といった分野を超えて各団体が集う機会も増えてきました。また、「行政とNPOの協働」「企業とNPOの協働」など協働という言葉がいたるところで聞かれるようになりました。しかし、活動の目的や分野、意思決定の仕組み等が異なる組織が、実際に一緒に何かに取り組むということは、そう簡単なことではありません。ある分野、組織では当たり前のことが、他では理解されないことがたくさんあります。ただ名前を連ねるだけに終わることなく、実質的な協働が展開されるためには、やはり、さまざまな段階、場面において何らかの働きかけや仕掛けが不可欠となります。

　以上のように、私たちの社会において、自発的に課題に取り組む市民

（ボランティア）の参加が広がり、かつその参加が実質的な意味をもつために必要な"何か"があることは確かでしょう。その"何か"は、ボランティアグループのリーダーやNPO・NGOのスタッフにも必要ですし、市民と協働する自治体職員や学校教職員、企業のCSR担当者にも求められるでしょう。もちろん、福祉施設や病院、博物館、文化施設等の職員にも必要ですし、地域で活動する自治会役員や老人クラブなどのリーダーも備えていると、さまざまな展開が期待できるでしょう。ボランティアセンターや市民活動センター等の中間支援組織のスタッフが必要とするのは言うまでもありません。

　　その"何か"こそ、「ボランティアコーディネーション力」なのです。

●ボランティアコーディネーション力とは

　認定特定非営利活動法人日本ボランティアコーディネーター協会では、ボランティアコーディネーション力を、「ボランティア活動を理解してその意義を認め、その活動のプロセスで多様な人や組織が対等な関係でつながり、新たな力を生み出せるように調整することで、一人ひとりが市民社会づくりに参加することを可能にする力」と定義しています。

　より具体的には、次のような役割を指します。

① 人々の「参加」の意欲を高める
② 人々がともに問題解決に取り組むことを支える
 ・異なる立場の人や組織間で対等な関係を作り出す
 ・異なる立場の人や組織がつながることで総合力や新たな解決力を生み出す
③ 活動を通して気づいた問題をともに伝え広げる（問題の社会化）

●ボランティアコーディネーション力は、
さまざまな「コーディネーター」の基盤となる力

　「21世紀はコーディネーターの時代」といってもいいほど、さまざまな分野・業界で「コーディネーター」と名のつく職種や役割が出現しました。それらを整理してみると、3つのタイプがあることが分かります（図1）。1類は、コーディネートする対象が「人」以外のものになります。2類と3類は、両方ともコーディネートする対象に「人」が含まれ

図1　コーディネーターの分類

【1類】
ファッションコーディネーター インテリアコーディネーター カラーコーディネーター フラワーコーディネーター テーブルコーディネーター フードコーディネーター 紅茶コーディネーター 　　　　　　　　　　など

【2類】
ブライダルコーディネーター 仏事コーディネーター トラベルコーディネーター メディア業界のコーディネーター 福祉住環境コーディネーター 産官学連携コーディネーター 　　　　　　　　　　など

【3類】
学校・地域コーディネーター まちづくりコーディネーター 多文化社会コーディネーター 環境保全協働コーディネーター 自然体験活動コーディネーター 地域福祉活動コーディネーター 地域福祉コーディネーター 生活支援コーディネーター ・・・・・・・・・・・・・・・・・・・ ESD コーディネーター レクリエーションコーディネーター 生涯現役コーディネーター 協働コーディネーター 　　　　　　　　　　など

＊市民の参加
＊地域や社会づくり

ていますが、少し違いがあります。2類は異業種の団体やそのスタッフ間のコーディネーションなどであり、そこには一般の市民参加は特に含まれていません。それに対して3類は、分野はさまざまですが、いずれも「市民の参加」を前提とし、また「地域や社会づくり」をめざすものであることが分かります。

　3類にあたるコーディネーターの増加は、近年著しいものがあります。図1にあげたのは全国的に用いられているもの、普遍性があるものの一部であり、特定の自治体や団体で使われているものは他にも多数あります。環境であれ、教育であれ、福祉であれ、地域の課題に取り組むためには、1つの団体だけでは限界があり、多様なセクターや組織による連携・協働が不可欠になってきているからです。そこで必然的に「コーディネーター」の配置が計画されるようになったのです。

　この3類のなかも2つのタイプに分けることができます。ある特定の分野・課題に軸を置く場合とそうでないものです。前者は、学校・地域コーディネーター、多文化社会コーディネーター、環境保全協働コーディネーター、自然体験活動コーディネーター、地域福祉コーディネーター、などです。

　図2は、これらと「ボランティアコーディネーション力」の関係を表したものです。いずれも、コーディネートする対象として「市民」を含

図2　さまざまなコーディネーターとボランティアコーディネーション力

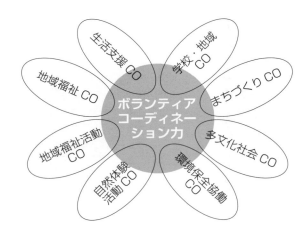

んでおり、しかもその「市民」が義務や強制ではなく、主体的に参加することに価値をおいていること、またそうした「市民」も含めて多様な連携・協働を促進することが求められているので、その基本に「ボランティアコーディネーション」力を必要としているといえます。

●ボランティアコーディネーターの特徴

　ここまで、さまざまなコーディネーターと「ボランティアコーディネーション力」の関係について説明してきましたが、では、「ボランティアコーディネーター」はどのような位置づけにあるのでしょうか？

　図2にあげたさまざまなコーディネーター（CO）は、それぞれ特定の分野で仕事をすることを前提としてつけられた名称です。それに対し、**「ボランティアコーディネーター」はある特定の分野でのみ使用される名称ではなく、あらゆる分野に存在し得る普遍的な名称である**といえます。図2の各コーディネーターの業務内容のある部分では「ボランティアコーディネーター」と呼ぶこともできるわけです。

　一方、3類のもう1つのタイプとして、分野を特定していないものがありました。ESDコーディネーター、レクリエーションコーディネーター、生涯現役コーディネーター、協働コーディネーターなどです。これらは、活動分野を特定していないという点ではボランティアコーディネーターと似ています。違いは、「ボランティア」の位置づけの強弱にあるといっていいでしょう。すなわち、**「ボランティアコーディネーター」は、多様な人・組織・サービスをコーディネートするが、特に「ボランティア」すなわち市民の主体的な参加に重きを置いている**とい

うことがいえます。

　このように、現代社会において、実に多様な組織や場面で必要とされるボランティアコーディネーション力。その具体的な内容について、一緒に考えていきましょう。

「ボランティア」の理解

まず第 1 章では、「ボランティア」そのものについての理解を深めます。

　私たちの社会において「ボランティア」という生き方と行為がいかに重要であるか、その特長やこれまでの社会における歩みについて解説するとともに、その弱点や現状について紹介します。

*本文中、日本の明治以降の年代表記にあたっては元号を併記します。

はじめに ▶ ボランティア活動の広がりと参加状況

　「ボランティア」という言葉が日本の国語辞典に初めて載ったのは1969（昭和44）年。岩波書店が発行する『広辞苑』の第二版でした。当時は「奉仕活動」や「慈善活動」のほうが一般的で、ボランティアという言葉は多くの人にとっては未知の外来語でした。

　それから約50年。言葉自体は徐々に普及し、2007（平成19）年に文化庁が実施した国語に関する世論調査でも、「ボランティア」は「認知度」（「聞いたこと、または見たことがある」比率）が95.4％、「理解度」（「分かる」「何となく分かる」の合計）が94.7％、「使用度」（「使ったことがある」の比率）が85.4％と、いずれもとても高い数字です。この外来語は、日本社会に完全に定着した……と思わせる面もあります。

　実際、多様な分野でボランティアが活躍する姿がマスコミなどで報道されるようになりました。長い伝統のある社会福祉や医療・公衆衛生、更生保護などの分野はもとより、国際交流、国際協力、環境保全、災害復興、図書館や博物館などでの活動、まちづくり、観光ガイド、子育て支援、学校運営、スポーツ指導や高校野球の審判、イベント、選挙の応援……。ありとあらゆる分野でボランティアの活躍が報じられるようになってきました。また、サービスの提供だけではなく、平和運動や市民オンブズマンなど現状の改革を進める運動に取り組む活動や政治的な提言活動、あるいは理事などの立場で組織経営にかかわったり、広報や商品開発の経験を活かして助言したり、経理や記録・企画書の作成など事務能力を活かす活動も広がっています。さらに、オンライン百科事典「ウィキペディア（Wikipedia[2]）」などは、世界中の膨大な投稿ボランティアによって加筆修正され、内容を更新する仕組みになっています。

　言葉は普及したものの、その一方でボランティア活動が広く社会に根づいた……とまでは、残念ながらいえません。ボランティアという言葉が定着し、さらにボランティア活動への関心もかなり高まってきたのですが、その関心の高さと現実の行動とのギャップがいつも課題になります。たとえば、内閣府が2015（平成27）年に全国の満20歳〜69歳の男女

[2]　2001年に英語版が登場して以降、世界中に広がり、約340の言語で執筆されている。

1　文化庁文化部国語課「平成19年度国語に関する世論調査」

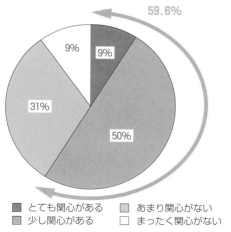

図1－1　ボランティア活動に対する関心の有無

59.6%

9%
50%
31%
9%

■ とても関心がある　　■ あまり関心がない
■ 少し関心がある　　　□ まったく関心がない

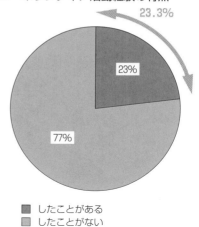

図1－2　ボランティア活動経験の有無

23.3%

23%
77%

■ したことがある
■ したことがない

5000人を対象に実施した調査[3]（回収率34.0%）によると、ボランティア活動に肯定的な関心を示す人は約6割に達しているにもかかわらず、活動の経験者（現在活動中を含む）は約23%です（図1－1、図1－2）。また「あまり関心がない」人もボランティア活動の参加を拒絶しているわけではありません。ボランティア活動ならではの意義を理解し、関心を引き出せるプログラムと出会えれば、活動に参加する人は少なくないでしょう。

　この「**関心の高さと実際の参加との間のギャップ**」を埋め、参加したくなる活動プログラムを開発することは、ボランティア活動への参加を進めるボランティアコーディネーターにとって重要な課題の1つです。

　この点については後述するとして、まず、ボランティアという言葉の由来と、この言葉の母国イギリスでの活動の歩み、そしてボランティア活動の推進にはどんな意味があるのか、といった点から見ていくことにしましょう。

3　内閣府「平成27年度特定非営利活動法人及び市民の社会貢献に関する実態調査」

第 1 節 ▶「ボランティア」の語源と、そのキー概念

本節では、まずボランティアという言葉の意味を探るとともに、その核となる概念（キー概念）について整理し、ボランティア活動の特性を確認することにしましょう。

1.「ボランティア」という言葉の語源

（1）ラテン語 volo（ウォロ）が語幹

ボランティアは英語の volunteer に由来します。その語幹 vol は、ラテン語の volo[4] を起源としますが、この言葉は「〜を欲する」「喜んで〜する」という意味です。つまり volo は英語の will（「志す」「進んで〜する」）[5]に符合する言葉ですが、volo の派生語 voluntas（自由意思）に人を表す接尾辞 er が加わって volunteer[6] となりました。

言葉の用例ごとの初出年代を示している『オックスフォード英語辞典』によれば、この言葉はイギリスで1647年[7]に現れたとされ、その意味は①自警団、②志願兵・義勇兵と続き、最後に③自生植物などとともに、④社会問題解決のために無償で働く一般市民との訳語を見出すことができます。

1647年のイギリスというと、清教徒（ピューリタン）革命（1641〜49年）の真っただ中。内戦状態のもとで、治安が悪化していました。そのなかで、家族やコミュニティを守るため自主的に（つまり、自らがvolo = will：欲して）立ち上がった人々を volunteer と呼び出したのが、この言葉の起源です。その後、アメリカ独立戦争（1775〜83年）やフランス革命戦争（1792〜1802年）などでの志願兵を指すようになり[8]、これら市民革命を経て、欧州で国民国家が成立し徴兵制度が整備されるなか、徴兵（英：conscription、米：draft）と異なる存在としての志願兵の意味で使われるようになりました。

19世紀に入ると、社会的問題の解決に自主的に（志願して）取り組む

[4] ラテン語のアルファベットには u、w がなく、v は「ウ」と発音したため、ウォロと読む。

[8] アメリカ独立戦争の記録でも志願兵を意味する volunteer（corp）の活躍が数多く紹介されている。これら市民革命を経て国民国家が成立し徴兵制度が整備されるなか、「徴兵」との比較で志願兵の用語が普及した。なお、主に経済的対価を期待して軍務につく「傭兵」は mercenary（soldier）と呼ばれ、volunteer とは区別されている。

---

[5] この volo との合成語で malo、nolo という言葉もある。malo は「むしろ〜を欲する・好む」、nolo は「〜を欲しない・望まない、気が進まない」の意味とされる。

[6] 直接的な語源はフランス語の volontaire（名：志願兵、志願者、形：自発的な）とされている。

[7] 1638年とする説もある（早崎八洲「ヴォランティア・サーヴィスについて」『社会事業』第42巻第7号、1959年）。いずれにせよ17世紀前半ということになる。

人をも示す言葉となり、徐々に現代の用語法になってきました。

　なお英語の volunteer には、名詞の「ボランティア活動をする人」という意味のほか、動詞として「ボランティア活動をする」の意味があり、volunteer center などの形で使われる場合は「ボランティアの」という意味の形容詞になります。このため「ボランティア活動」というときは、volunteer work のほか、動名詞形の volunteering が使われることもあります。

（2）言葉が生まれる以前にも「ボランティア」はいた

　volunteer という言葉は1647年にイギリスで使われ出したとされると述べましたが、これはボランティアが17世紀まで存在しなかったということではありません。「ボランティア」という言葉がある・ないにかかわらず、社会の問題解決のために自発的に努力した人々は、どの時代の、どの社会にも数多くいたでしょう。

　たとえば近代以前の日本でも、江戸時代、飢饉などの際に領主や幕府への直訴は死罪とされていながらも、命を賭して農民の困窮を訴えて処刑され「義民」と呼ばれた人々も、志願兵と同様の生き方をした人々だといえます。また、まだ日本に「ボランティア」という言葉が伝わっていなかった明治時代にも、足尾銅山鉱毒事件を告発し続けた田中正造、日本最初の児童福祉施設である岡山孤児院を開設した石井十次、日本最初の知的障害者施設・滝乃川学園を開設した石井亮一、罪を犯した青少年の更生を支援する家庭学校を創設した留岡幸助、さらに廃娼運動に取り組んだ東京婦人矯風会を結成した矢嶋楫子、普通選挙期成同盟を結成した中村太八郎、そして大正時代には部落差別の解消をめざして全国水平社を組織した西光万吉など、多様な分野で活躍した多くの人々の名前があげられます。「ボランティア」は、こうした人々にも連なるのです。

（3）イギリスでの民間社会活動の展開

　ここで、今日のボランティア活動の推進を考えるうえで参考となる、イギリスでの民間社会活動における慈善組織化協会（Charity Organization Society：COS）とセツルメントという2つの重要な展開を概観することにします。

　「志願者」「志願兵」という言葉は、英語以外にフランス語にもありました。しかし、フランスが市民革命（1789〜94年）後にナポレオンの登

9　栃木県の足尾銅山から流出した鉱毒の被害に関する一連の事件。渡良瀬川流域の農民を中心に、大規模な請願・反対運動が展開され、明治20年代から40年代にかけて大きな社会問題となった。地元選出の衆議院議員田中正造は帝国議会でこの問題を取り上げるとともに鉱毒被害の救済に奔走し、1901（明治34）年には議員を辞職して明治天皇に直訴未遂事件を起こすなどした。しかし、解決されないまま運動は政府によって弾圧され、後退した。日本の公害運動の原点といわれる。

場や復古王政などで中央集権体制を強め、政府が大きな位置を占め続けたのに対し、イギリスでは名誉革命（1688〜89年）後、「国王は君臨すれども統治せず」という立憲君主制に移行し、社会問題解決に対する市民の役割が相対的に高くなりました。また、世界で最初に産業革命が起こり、単純労働の増加と労働環境の悪化、さらに都市のスラム化などの社会問題が広がったことも、イギリスで民間社会活動が活発になる要因となりました。

イギリスでの民間社会活動の歩みにおいて画期的な取り組みとされるものの１つに、1869年にロンドンで設立されたCOSがあります。COSは、金品の施しよりも友人としてのかかわりを重視し、友愛訪問活動を展開しました。この実践は、その後、ソーシャルワークへの発展の起点となりました。しかし、貧困問題をあくまでも個人の責任と考えていた点では限界もありました。

このようななか、「労働者を取り巻く制度・環境の改良・整備」「十分な教育の普及と意識向上」を貧困の解決手段と考え、その運動の拠点施設として、1884年、世界最初のセツルメント「トインビーホール」が創設されました。このセツルメント開設時に「社会問題解決の最前線に立とう」との呼びかけが知識階級である学生になされ、その際、いわば「貧困との戦いに参加する志願兵」として、現在の意味でのvolunteerが使われるようになったとされています[11]。

セツルメント運動とは、宗教者や社会事業家、大学教員、大学生などが自らスラム地区に住むことにより貧困者の状況を体験的に理解するとともに、人格的ふれあいを通じて人々の自立意識の向上と地域改良に取り組もうとする運動です[12]。貧困は個人の責任ではなく社会の構造的な問題であるという科学的理解のもと、保健・医療・福祉・教育・文化などの生活全般にかかわる分野で活動を進めました。この運動に参加したセツラーたちの思いと行動が、今日のボランティアの原型といわれています[13]。

10　前述の注6で示したvolontaireのこと。

11　柴田善守『社会福祉選書9　社会福祉の史的発展——その思想を中心として』光生館、1985年

12　セツルメントでは「3つのR」（Residence：課題の起こっている現場に居住する、Research：科学的に調査・研究する、Reform：住民自身の手で環境改善を進める）を重視し、その後の社会活動に大きな影響を与えた。

13　筒井のり子「ボランティア活動の歩み」巡静一・早瀬昇編著、大阪ボランティア協会監『基礎から学ぶボランティアの理論と実際』中央法規出版、1997年を参考に記述している。

2. ボランティア活動のキー概念の理解

　ここで、ボランティア活動を定義づけるキー概念について考えてみましょう。ボランティア活動を定義づけるものとして、「自発性」「社会性（公益性・公共性）」「無償性」の３つがよくいわれます。語呂が良いので「**やる気**」「**世直し**」「**手弁当**」ともいわれます。

　この３つのキー概念について、少し詳しく見ていきましょう。

（1）「自発性」の意味するもの

　ボランティアという言葉の語源から考えても、自発性が最も中核的なキー概念であることは明白でしょう。

　ここで、「自発的である」こととは、「言われなくてもすることだが、同時に言われても（納得できなかったら）しないこと」（故・草地賢一氏の言葉）です。つまり、ボランティア活動は「するかしないか」自体が自由な活動です。

　先に volunteer は、「〜を欲する」「喜んで〜する」を意味するラテン語 volo を起源とする言葉だと説明しました。「放っておけない」「なんとかしたい」という気持ち、あるいは「私の出番だ！」と意気に感じることで始まる活動だということです。もっとも、最初からこうした強い意欲があるとは限りません。ちょっとした出会いや気づき、思いつきから活動が始まることも少なくありません。最初は衝動や単なる好奇心である場合さえあります。

　ボランティア活動は、実は続けることが「前提」にあるわけでもありません。たとえばボランティア講座を"試しに"受講してみる。意外に楽しそうだ。そのうちに学校や職場、地域以外の仲間ができる。一緒に何かしたいね……。そんな出会いの広がりと深まりのなかから、次第に活動が自分にとってかけがえのないものになっていく。

　実は熱心なボランティア活動家のなかには、このような経過をたどって活動に打ち込むようになった人たちがたくさんいます。「最初に周到に計画を練り、その遂行をノルマとして自らに課す」という世界とはかなり違います。感動、怒り、充実感……。そうした思いが重なり合って活動は進められていくのです。

⓯　「自ら弁当を用意して持参する」の意から転じて、「必要な経費を自ら負担して取り組む」ことを指す。

⓰　1941（昭和16）〜2000（平成12）年。阪神大震災地元 NGO 救援連絡会議代表、元 PHD 協会総主事などを務めた。

14　定義ではなく特性とする場合は、この３つに「先駆性」を加えて「４特性」という場合もある。

後述するように、ボランティア活動が機動的になったり、創造的に多彩な活動を生み出したり、個々に応じた温かい対応を実現したり、社会的課題を自らの課題と受け止めるという当事者意識を高める……など、行政の機能を超える特長は、基本的にこの自発的活動であることに由来するといっても過言ではありません。

1）「ボランティア活動」と「奉仕活動」の違い

　ボランティア活動が外来語として移入されたのに対し、日本には古くから「奉仕」という言葉がありました。「奉仕」は「奉り仕える」わけですから、何らかの権威・権力への忠誠や規範の順守という姿勢を伴います。それは当然、犠牲的・禁欲的なものとなりますが、volunteer は必ずしもそのような姿勢が求められません。たとえば、volunteer が「自生植物」の意味をもつことも1つの例です。耕作者が意図的に育てる植物と異なり、植物自体の生命力を発揮して根を張り、芽を出し、茎を伸ばし、葉を広げ、花を咲かせる。誰かの期待とは関係なく、自ら成長する自生植物を、英語圏では volunteer と呼んでいるわけです。

　もちろん志願兵として命を賭して国や郷里を守ろうとするときには、一定の使命感や自負心をもって行動しますから、そのような場合、「奉仕」という言葉に伴う犠牲的なイメージと重なる面もあります。

　この「ボランティア活動」と「奉仕活動」の関係については、奉仕活動のなかにボランティア活動が含まれる[17]とか、その逆の関係にある[18]などの意見もありますが、自発的活動であるボランティア活動と自発的であるかどうかは問わない奉仕活動の相違などをふまえ、＜自発性＞と＜社会改革性＞を軸に両者を対比すると、図1－3のような関係に整理できます。

　ボランティア活動は自発的であることが本質の活動ですから、図1－3の右側に広がります。一方、奉仕活動は権威や権力に「奉り仕える」の意味で社会変革の志向は弱くなりやすく、図1－3の下側になり、また強制的に取り組まれることもあり左右に広がっています。ここで、

17　2000（平成12）年に首相の私的諮問機関として設置された教育改革国民会議で提案された「奉仕活動の義務化」構想を受けて、2007（平成19）年に改正された学校教育法第31条には「ボランティア活動など社会奉仕体験活動」という表現がある。

18　臨教審第2次答申（1986（昭和61）年）では「奉仕活動などボランティア活動」という表現がある。

図1-3 ボランティア活動と奉仕活動の関係

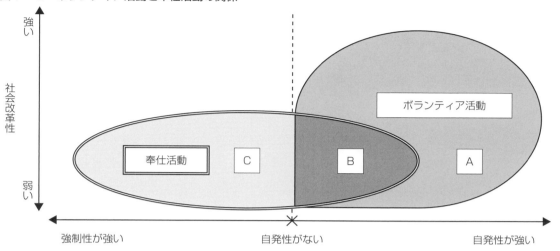

強い

社会改革性

弱い

強制性が強い　　　　　　　自発性がない　　　　　　　自発性が強い

ボランティア活動

奉仕活動　　C　　　　B　　　　A

「A」の部分では市民運動などは社会改革性が強い活動で、文化活動やスポーツ活動などは自発性が強い価値創造型の活動で、自己犠牲的感覚が弱い活動になります。一方、「C」の部分は強制を伴う活動になります。そして、自己犠牲的な活動でありながら担い手の倫理観に基づいて主体的に取り組まれ、ボランティア活動とも奉仕活動とも判然としない場合が「B」になります[19]。第2次世界大戦中、多くの国民が動員された「勤労奉仕」のように、公益的な目的だからと無償で労役を強制される行為は、ボランティア活動の対極にあるものです。

　日本で最初のボランティア講座は1965（昭和40）年に始まりました[20]。冒頭で紹介したように、国語辞典に載る4年前という時期に、この言葉を冠して講座が開催されたのは、この言葉が市民の自由な社会活動を示す言葉として注目されたからであり、この言葉の普及を通じて、市民と社会との関係を新しい形に変えていこうという願いがあったのです。

19　2000（平成12）年に教育改革国民会議が「義務化」を提案した「奉仕活動」は図1-3の「C」の活動であり、自由なボランティア活動とは大きく性格が異なるものだといえる。この部分は、長沼豊『新しいボランティア学習の創造』ミネルヴァ書房、2008年の整理をもとに、再整理を行ったものである。

20　1965（昭和40）年に大阪ボランティア協会が日本で最初のボランティア講座「初級ボランティアスクール」を開講した。なお、講座の形態はとっていなかったが博友会が1960（昭和35）年からボランティアの育成に取り組み、1965（昭和40）年に富士福祉事業団と名称変更した後の1967（昭和42）年から「正科ボランティアスクール」を開講している。

2）自負心が生み出す高い責任感
──自ら進んで役割を引き受けることの意味

　自発的（voluntary）に活動するとは、主体的に自ら進んで役割や責任を引き受けることです。最初は軽い気持ちから始めることができるボランティア活動ですが、活動を通じて応援する相手の状況が他人事とは思えなくなってきたり、活動の成果が蓄積され自負心が高まってくると、強い責任感のもとで活動が進められることも少なくありません。

　責任という言葉は、責任を追及する側が「悪いのは自分ではない」「自らには責任がない」という立場に立ち、他者に問題発生の責任があるとして解決を迫る際に使われることが多く、責任を追及される側が受身になって責められる重たいイメージがあります。

　しかしボランタリーな活動では、役割を自ら買って出て活動を進める責任も、主体的に引き受けることになります。この場合の「責任」は、前述のような責め立てられるものではなく、内なる信条から他者の呼びかけや期待に積極的に応えていこうとするものです。[22]

　その際、その取り組みは他ならぬ自分の特性を活かすことで実践できるという**自負心**がもてると、高い責任感のもとで活動を進めていくことができます。[23]困難な課題解決のために粘り強く活動を進めてきた市民活動家の多くは、自負心に裏づけられていたからこそ、その自発的な取り組みを継続できたのです。

　そして、この自発的姿勢があることで課題が解決に向かうことは少なくありません。トラブルに巻き込まれて途方に暮れる人に対して、「私には関係ない」と他人事として突き放すのではなく、親身になって寄り添う存在となることで、孤軍奮闘している人たちが元気づけられること

21　ボランタリーな姿勢がとられるのは、無償で活動するボランティアだけでない。非営利団体の専従職員の多くは厳しい雇用環境のなかでボランタリーに働いているし、営利組織に勤める場合であっても強い使命感を抱いて働く人は多い。他ならぬ自分に天から与えられた仕事という意味で「天職」という言葉があるが、このような自覚を伴いつつ、主体的に仕事に取り組む人々は少なくない。

22　「責任」を意味する英語 responsibility は respond と ability を組み合わせた言葉だが、respond とは「（他者の問いかけや訴え・求めに）応えること」を意味し、他者からの求めや期待に積極的に応える力を発揮することが、責任を果たすということになる。詳しくは鷲田清一『わかりやすいことはわかりにくい？──臨床哲学講座』筑摩書房、2010年。

23　たんぽぽの家理事長の播磨靖夫氏は、熱心な市民活動家は「思い込みと思いあがりが強い」と語っている。この活動が社会を変えるのだという「思い込み」や、この活動を進めることは他ならぬ自分にしかできないという「思いあがり」が、実は活動を進めるうえで大切だという表現で、自負心の大切さを説明している。

があります。人々の間の新たなつながりは、こうした自発的な姿勢が作り出すのです。

　問題が起こった際に、その解決責任を他者に転嫁する「たらい回し」が、事態をより深刻化させることがよくあります。「動員」や「派遣」といった他律的なかかわりだと、事態の収拾を「動員をかけた者」「派遣を指示した者」に任せようとしがちです。これに対して自発的なかかわりなら、トラブルに巻き込まれても「人のせい」にするのではなく、ともかく一緒に問題解決に取り組もうという姿勢になります。そして、このような姿勢をとるだけで事態の悪化を防ぐことがよくあります。不測の事態が起こりやすい災害や大規模なイベントなどにボランティアがかかわることの意義の1つに、この自発的な姿勢による状況改善の力があるといえます。[24]

コラム　「ボランティア派遣」という表現はおかしい

　「派」という字がある。川から支流が分かれる姿を示す象形文字だといわれている。『広辞苑』によれば、この文字は、まず「もとから分かれ出ること。分かれたもの」の意味をもつ。「派生」などが、その例だ。次に「流儀・宗旨などの分かれ。なかま」の意味になる。「派閥」や「党派」などは、この用法だ。そして、最後に「さしむけること」の意味が加わった。「特派員」や「派出所」などの用法だ。

　2011（平成23）年の東日本大震災では新聞紙上などで「ボランティア派遣」という言葉が多用された。しかし辞書の解説は、「派遣」という言葉がボランティアにはそぐわないことを示している。「もとから分かれる」つまり、自らの下にある人々を分ける意味をもつ「派」に「『遣』わす」を組み合わせたのが「派遣」だ。この言葉は、部下など指揮下にある相手に使う言葉であって、自発的、主体的に活動するボランティアに使う言葉としてはふさわしくないからだ。実際、「派遣する」は自動詞ではなく他動詞。「派遣される」とはいっても、自らを「派遣する」という使い方はしない。

　そこで日本ボランティアコーディネーター協会は、2011（平成23）年3月21日に発表した「被災地でのボランティア活動についての緊急アピール」で、「派遣」ではなく、たとえば「活動先紹介」などボランティアの自発性を尊重する表現を採るように促した。

　些細なことと思われるかもしれないが、ボランティアはコーディネーターの部下ではない。主体的な存在だということをふまえた表現にこだわることが大切だろう。

24　たとえば、早瀬昇「状況から逃げないということ」『ボランティア・テキストシリーズ23　寝ても覚めても市民活動論——ミーティングや講座の帰り道に読む35の視点』大阪ボランティア協会、2010年は、長野オリンピックの際にボランティアが活躍した背景を解説している。

3）ボランティアの活動の動機

　ボランティア活動に参加する人々の動機（motive）については、さまざまな研究があります。以下、その動機研究の概要を説明しましょう。

　動機を研究する際の基本的スタンスは、ボランティア活動を特別なことではなく、人間の行動の１つだと考え、行動を起こす心のメカニズムを考えることにあります。

　私たちは日々何らかの行動をして生きています。職場や学校といったフォーマルな組織に所属する人間としての行動であったり、家族というインフォーマルな組織の一員としての行動であったりするわけですが、普段はいちいちその行動のプロセスやメカニズムを考えたりはしません。しかし、後になって考えてみると、行動に至る何らかの心のプロセスがあったことに気づきます。そのような心と行動との関係を探るのが組織心理学、組織行動学といった行動科学です。人が何らかの行動を起こすときの、その行動を喚起させる力を心理学的にはモチベーション（motivation：動機づけ）と呼びますが、個人を研究対象としてきた心理学の知見であるモチベーション理論を組織のなかでの人の行動研究に活かし、特に働く人の組織内での行動を解明しようとするのが組織心理学、組織行動学です。

　組織行動学の研究者であるP・ロビンス[25]によれば、人は何らかの満たされない欲求をもっているときに動機づけされて、その欲求を満たそうと探求行動をとります。その行動によって目標を達成し、欲求の充足をはかりますが、この一連のプロセスを「動機づけのプロセス」と彼は捉えました。つまり、人は欲求によって動機づけられているとするもので、このような考え方はモチベーション理論では欲求説と呼ばれ、「マズローの欲求５段階説[26]」や「ハーズバーグの２要因理論[27]」などがよく知られています。

　ロビンスら組織行動学の研究者は、心理学を背景としたモチベーション理論や社会学のなかのグループダイナミクス、組織論、社会心理学などの知見をベースにして有給で働く人の組織内での行動を研究しています。この研究の枠組みは、働くスタイルが有給職員とは異なるとはいえ、ボランティアの行動の分析にも応用することができます。

　有給職員のための組織内行動の分析が、無償で活動するボランティアに有効なのか、と思われるかもしれません。しかし、求める報酬が主と

[25]　ステファン・P・ロビンス。『組織行動のマネジメント──入門から実践へ』ダイヤモンド社、2009年（髙木晴夫監訳）などの著書がある。

[26]　アメリカの心理学者アブラハム・マズローが唱えた説。人間の欲求は階層性があり、底辺から１段ずつ欲求が高まっていくとして、①生理的（physiological）欲求、②安全（safety）の欲求、③愛と所属(love & belonging) の欲求、④尊重（esteem）の欲求、⑤自己実現（self-actualization）の欲求の５段階を示した。ボランティア活動の推進においては、特に③から⑤が重要である。なお、厳しい状況にあっても自己実現をめざす場合があるなどの批判もある。

[27]　アメリカの心理学者フレデリック・ハーズバーグが提唱した職務満足および職務不満足を引き起こす要因に関する理論。仕事の満足度を決める、満足にかかわる動機づけ要因と不満足にかかわる衛生要因は別のものだとする。

して賃金という金銭的なものであるか否か、また業績を数値によって評価できるか否か、といったいくつかの重要な相違点はあるものの、ボランティアの行動メカニズムの分析に役立てることができます。特にモチベーションに関しては、今や企業の人材管理を考えるときに不可欠な要素とされ、研究が進んでいますが、その知見がボランティアの活動推進にも活かされるようになっています。[28]

　では、ボランティア、あるいはこれからボランティア活動をしようと考えている活動希望者は、どのような欲求をもっているのでしょうか？多様なボランティアが活動する今日、ボランティアや活動希望者が抱いている欲求も多様化しています。ある人は生きがいや自己実現を求めているでしょうし、学習機会を求めている場合もあります。仲間や居場所を求めてボランティア活動を希望する人も少なくありません。

　この欲求がベースになって心のなかに「何かがしたい」という意欲が生まれます。欲求を抱いたままだと日々の生活が不満足なものになるからです（これは心の緊張状態であると説明されます）。この意欲は理論的には動因と呼ばれ、動因をもっている人に「誘因」（incentive：何かをしたいと思わせるもの）が与えられたときに、「探求行動としてのボランティア活動」がなされることになります。

　誘因とは、ボランティア活動をしている友人から誘われるとか、海外で活躍する国際協力のボランティアの活動をたまたまテレビで見たとか、ボランティアに関する本を読んだとか、その気にさせる要因のことをいいます。機会さえあればボランティア活動をしてみたいと考えているのに実際の行動に結びついていない人の場合、この誘因が与えられていないのだと考えられるでしょう。大きな災害が起こったときに多数のボランティアが被災地に駆けつけるのは、マスコミが流すニュース映像が大きな誘因になるからです。

　さて、活動を始めた人がそれで欲求を満たしたかというとそうではありません。それぞれがボランティア活動について求める欲求を満たすことを目標として活動するので、目標が達成されなければ欲求は充足されません。たとえば職場で居場所のない人がボランティア活動の場に居場所を求めている場合、ボランティアとしての役割を明確に見出し、それ

28　この部分で解説している動機づけは外部からの対応で生じる「外発的動機づけ」の事例が多いが、動機づけには好奇心や自分のことは自分で決めたいといった「内発的動機づけ」もある。25頁の「無償性」の項で紹介する。

を周囲からも認められたときに目標が達成されたことになり、欲求が充足されます。

けれども人間の欲求とはやっかいなもので、1つ満たされれば終わるものではありません。1つの目標が達成されると、また欲求不満になり、前よりは少し高い目標をクリアするために行動するようになりますから、この過程は循環します。循環することで人はボランティア活動を続けていくのだとも考えられるのです。

このようにボランティアの動機を分析的に捉えていくことも、ボランティア活動を進めるうえで参考になる場合が少なくありません。

（2）社会性（公益性・公共性）
──普段の暮らしを「開く」と公共的になる

その活動が社会的な課題解決に取り組むものであり、公益的な価値の実現をめざすものであることも、ボランティア活動を規定するキー概念の1つです。自発的に取り組むといっても、趣味の活動や仲間内の利益（共益）、あるいは自分自身の利益（私益）のためだけにするのであれば、ボランティア活動とは呼べません。

1）行政の取り組みとは異なる自由な公益活動

公益的な活動であるということが、ボランティア活動に窮屈な印象を与えている面があります。というのも、長い間、公益活動は政府が担うものという発想が根強かった日本では、公益活動というと行政を連想し、行政と同じようなスタイルで取り組まなければならないと考えられてしまうからです。

行政の取り組みは1つの制度として行われますから、長期的に継続できるように慎重に吟味されています。関係者の意見を聞き、誰からも批判の出ないものであることが求められます。もちろん、その効果は公平に配分されるべきであり、特定の対象に有利に働いてはなりません。公益的な活動の「象徴」ともいえる行政には、このようなルールがあります。

このような形で活動を進めるのは実に窮屈なことです。「思いつき」は許されません。独創的な発想は危険です。そして、好みや関心などといった自分の気持ちを抑え、全体に奉仕する姿勢が求められるのです。このような「心構え」が求められ、そのうえ、無償の活動ということに

なったら、禁欲的で犠牲的な暗いイメージがつきまとうのも当然でしょう。ところが、ボランティア活動は行政の活動とは大きく異なるスタイルで活動できます。

そもそもボランティア活動など民間の公益活動での「公益」とは、「全体の奉仕者」として取り組む政府による公益とは異なり、**「不特定かつ多数の利益**[29]**」**として定義されます。「不特定かつ多数」とは、取り組みの効果が特定の個人や団体のためだけに限定されず一定の規模があることです。たとえば希少難病患者への支援のように現在の患者は少なくても、将来にわたって新たな患者が生まれ得る場合は不特定多数の利益に資するとされます。つまり、その活動の効果が十分に広い範囲におよぶ場合は、不特定多数の利益の実現が図られていると解されます。

なお、実際には共益や私益との境界は固定的なものではなく、『私憤から公憤へ』[30]というタイトルの本もあるように、私益や共益から始まった営みが公益的な価値をめざすことも少なくありません。住民全体の利益を考慮して動く行政と異なり、ボランティアの場合、特定のテーマを選び、そのテーマに特化して活動することが大半です。そのきっかけが、元来、私益の世界である家族などにかかわる身近な出来事である場合もよくあります。「自発」という言葉には、「自らの発意で」という意味に加えて、「自らの身近な問題・関心から発して、世界に広がる」という意味もあります。そこで、特にボランティア活動を始めたいという人の相談に対応する際には、「私」と「公」を対抗的な関係と捉えず、「私」と「公」の間の連続性を見出す視点をもつことが大切です。

実際、ボランティア活動には私たちの普段の暮らしの延長にあるといえる面があります。

白血病や再生不良性貧血などの血液難病の治療に大きな役割を果たしている「骨髄バンク」[31]の設立は、白血病に苦しむ子どもを抱えた家族たちの奔走が起点でした。社会的な問題意識というより、我が子を思う家族の情愛が原点です。太平洋戦争時に学徒出陣で戦死した若者の遺書を集めた遺稿集『きけ わだつみのこえ』も、「友の死を風化させたくない」という多くの戦友たちや遺族によって出版されました。つまり友情が、平和運動につながったのです。

こうした例は、障害者作業所づくりや非正規滞在状態にある外国籍の友人に対する強制帰国反対運動など、枚挙にいとまがありません。

[29] 特定非営利活動促進法でも、第2条の特定非営利活動の「定義」で、この言葉が用いられている。

[30] 予防接種でのワクチン禍を告発した岩波新書の書籍名。吉原賢二著、1975年。

[31] 骨髄移植のため健康な骨髄を提供したいとの申し出を受けてその人の氏名を登録しておき、組織適合性の合致する移植適応者が現れると骨髄提供をコーディネートする組織。

2）「開く」ことで公共的になる

　では、家族の営み、友人とのかかわりなど普段の私的な行為がどのように変化すると、ボランティア活動と呼ばれることになるのでしょうか？

　それは「**開く**」ことです。「開く」ことで、私たちの営みは "公共性" を帯びます。たとえば、各地には私立の美術館があります。美術館ですから、公共施設の1つといえるわけですが、私立の場合、その所蔵品の多くはもともとコレクションで、個人の趣味として集められたものです。しかし、それを私蔵している限りでは、どれほどコレクションが豊富で来訪者に「まるで美術館のようですね」などと言われても、実際には美術館ではありません。単に「美術館のように絵がたくさんある」というだけです。ところが、その美術品を自分だけでなく他の人にも見てもらおうと、家の一角を改装して「公 "開"」した途端に、自宅が美術館になる。私立の美術館とは、本質的にこのようなものです[32]。

　あるいは企業が、社員のための福利厚生施設として整備したグラウンドを近所の少年サッカーチームに「"開" 放」すると、それは立派な企業の社会貢献活動になります。あるいは私たちが子どもをハイキングに連れて行こうとするとき、「にぎやかなほうがよい」と近所の子どもたちも一緒に連れて行ってあげることがありますが、こうした機会を定期的にもち出すと、それは一種の「子ども会」活動になっていきます。

　このような私的行為も、その効果や対象を「開く」と公共性を帯びます。私たちは、身近な家族や友人などへの心遣いを、より広く多くの人々に "開けば"、ボランティア活動ができるわけです。

　行政が公共性をいう場合、それは「全体の奉仕者」と呼ばれるように、所轄する地域社会全体にかかわっていることに基づくわけですが、ボランティアなどの民間の取り組みでは社会の課題すべてにかかわることはできず、特定のテーマや対象を選ぶしかありません。そんな民間の活動も、効果を得られる対象が広く人々に開かれている場合、公共的な取り組みとなるわけです。

　日本で「公」というと、「お上」「行政」のイメージがつきまといます。「おおやけ」の語源は「大宅」「大きな館」から来ているともいわれ、つまり天皇や領主のなすことが「公」だという捉え方が根強くありました。

32　公立の美術館での展示においても所蔵作品群に「〇〇コレクション」といった呼称がつけられることがよくある。「〇〇」には収集し寄贈した人や団体の名前が冠せられる。

　しかし欧米では、かなり発想が異なります。たとえば英語で「公共的」を意味する public には、「誰もが近づける」「みんなに開かれている」という意味もあります。イギリスでは、私立の学校でも一般市民が入学できる学校をパブリック・スクール、誰でもプレイできるゴルフコースをパブリック・コースと呼びますし、数万軒はあるといわれる酒場の pub も、もともとは街の人々が集う社交場としての public house に由来する名称です。また欧米で公道に面したベランダなどに洗濯物を干さないのも、それが「開かれた側」、つまり公共的な側だからという考え方によります。こうしてみると、「個々人や私企業の営みを開くと公共的になる」ということは、欧米では日常的な感覚で理解されているといえましょう。[33]

　実はこのような捉え方は欧米諸国だけのものではありません。「公」と「私」は対語ですが、この２つの漢字には同じ部首「ム」があります。この「ム」は三方から囲んで隠す、抱え込むことを示すという説があり、それによると「公」の「ハ」は、それを左右から開く様を示し、そこから「隠さずに見せる・開いて見せる」ことが原義だというわけです。一方、同じ視点でみれば、「私」は禾偏（のぎへん）が穀物を意味する象形文字に起源があることから、収穫物を自分のものだけ抱え込むことが原義だということになります。[34] この説に従えば、漢字を発明した中国でも、「開く」ことで公共的になると考えていたことになります。

（3）「無償性」をめぐる議論の整理
１）無償の取り組みであることの積極的な意味

　前述のように、現在の意味で volunteer が使われ出したのはセツルメントで貧困問題に取り組む場面でしたから、当然、相手から対価を得ることは考えられず、活動は当然のごとく無償でした。当時、救貧活動は

33　共和国や共和制を示す republic も、「公の事」を意味するラテン語の res publica を起源とするが、王がおらず、合議で政治を行う政体を指すもので、政治が"開かれている"形態と解釈できる。

34　「小学校学習指導要領学年別配当漢字の構成と由来」（http://www.harakin.net/education/kanji/kanji.htm）から。ただし溝口雄三『一語の辞典 公私』三省堂、1996年では、中国で最も古い字書とされる『説文解字』および『韓非子』の引用から、「ハ」は背く意味があり、「ムすなわち私に背くことを公とする」として、「公」は平等に分ける原義があったと解説している。また、漢字の成立に宗教的・呪術的背景があったと主張した白川静は『字通』平凡社、1996年で、「公」を「儀礼の行われる宮廟の廷前のところの、平面の形」としている。

多くの国や地域で主要な社会活動の１つになっており、ボランティアは無償の活動として世界に広がっていくことになりました。

ただし、この「無償性」には、「対価を期待できない活動だから、仕方ない」という消極的な理由だけでなく、次のような「無償であることの積極的な意味・価値」があることもふまえておきたいと思います。

❶ 「内発的な意欲」を高める

心理学者のエドワード・L・デシらは、好奇心や関心など内発的意欲から行われていた行為を、金銭的報酬などで外発的に意欲づけようとすると、内発的な行動意欲が下がる現象を見出しました[35]。この現象は「**アンダーマイニング効果**[36]」と呼ばれます。デシは報酬などで意欲が増す場合もあることを認めつつも、「いったん報酬を使い出したら簡単に後戻りはできない」「人がいったん報酬に関心を向けると、報酬を獲得するための手っ取り早い最短のやり方を選ぶ」ようになりがちだと指摘しています[37]。

金銭などの報酬によらない「内発的な意欲」を高めることは、ボランティア活動の推進において、大変重要です。この鍵として、その取り組みを自ら企画したり自律的に決められること、目標を達成するための活動を自分自身が十分にこなせるという**有能感**や一定の成果を得たという**達成感**（「やる気」があるから「できる」のではなく、「できた」実感が共有されることで「やる気」が高まる）、自らの活動が社会的に意味ある取り組みだという**有用感**を得られること（活動することの意味が腑に落ちると意欲が高まる）、そして**自己実現や成長の実感**（気づき・発見）があることなどが重要だといわれています。ボランティアコーディネーターは、このような機会を得られるように努力することで、ボランティアの力を引き出すことができるといえるでしょう。

❷ 仲間・同志の関係を築きやすい

無償の営みはボランティア活動だけではありません。友人とのかかわりも基本は無償です。親友の苦境を救うために奔走するときに、対価を期待することはありません。そこで一生懸命になるのは、相手が自分と深くつながっていて、相手が良い状態になることが自分自身にとっても喜びとなる、つまり対抗的な「自他」の関係ではなく、「ともにある／

36 undermine の動名詞。undermine には、（名声などを）ひそかに傷つける、（健康などを）いつのまにか害する、（浸食作用で）土台を削り去る、などの意味がある。

---

35 1970年代前半、アメリカの心理学者エドワード・L・デシとマーク・R・レッパーがそれぞれ独自に行った実験によって発見された。

37 エドワード・L・デシ、リチャード・フラスト、桜井茂男監訳『人を伸ばす力——内発と自律のすすめ』新曜社、1999年

ともにいる」という意識が働くからです。実際、親友の世話になった際に謝礼を渡そうとすると、「他人行儀なことをするな」と怒られることがあります。無償の営みは、こうした共感や仲間意識に基づく「ともにある」関係の反映だともいえます。

　一方、対価を伴うと、支払い側、受け取り側という対抗的な関係を生じます。たとえば「雇用主 vs 労働者」「債権者 vs 債務者」という関係です。こうした自他を明確にすることは権利の確立などの際には意味をもつことが多いわけですが、「**ともにある**」状況を生み出したいときには、対価の存在がマイナスに働く場合もあります。

❸　**金銭的尺度での評価を避けられる**

　ある行為に対して対価が提供された結果、対価に応じた "成果を期待" されたり、同額の対価を得る人との間で "成果を比較" されたりすることがあります。これは対価によって、その行為が価格づけされてしまうことから起こることです。

　共感や使命感から取り組む行為に対して、こうした価格づけがなされると違和感を覚える人も少なくないでしょう。これは、貨幣が交換の手段であることから、**価格づけ**によって、自身の取り組みが他者と交換できる代替可能なものとみなされ、さらにはその多寡で序列化されかねないと感じるからです。他ならぬ自分が取り組むことの意味を実感することで育まれる自負心が、こうした扱いによって萎えてしまうのです。それに、金銭的評価が難しいからといって、価値が低いことにはなりません。かつてクレジットカードの宣伝で使われた「プライスレス」（priceless）という英語は、「値段のつけられないほど貴重なもの」を意味します。ボランティア活動を含む無償の取り組みは、金銭的評価を超える高い位置づけで捉えられることもあるのです。

❹　**自己利益を超えた共感性の高い発信ができる**

　やや機能的な特長ですが、無償で取り組むボランティアによる発信や行動は、自己の経済的な利益にはつながらないだけに、有給スタッフによるものに比べ、よりインパクトの高いものになりやすくなります。無償の取り組みは**「私欲がない」行為**、つまり自己本位ではなく、他者や社会全体の利益を思って取り組まれる行為と受け止められやすくなるからです。

　見返りを期待せずに公共的な目標を実現するために努力する姿が、多くの人々の心にインパクトを与え、さらなるボランティアの参加を促し

たり、難しい交渉の妥協点を見出すことにつながるなど、共感が広がるさまざまな事例があります。「無償の活動ゆえの発信力」があるのです。

2）「有償ボランティア」是非論争

このように無償の活動には積極的な意義がありますが、日本では1980年代の後半から、少額の謝礼を得て地域福祉活動などに取り組む、いわゆる「**有償ボランティア**」と呼ばれる活動が広がり始めました。

「有償ボランティア」による活動が広がった背景には、有償の社会活動が成立し得る環境の変化があります。たとえば在宅高齢者への生活支援などの場合、要介護状態は所得の多寡に関係なく起こるので、低所得者ではない人を援助するケースも増えてきました。そこには年金制度の一定の成熟もありますが、無償の援助に「恩恵的」「慈善的」なイメージを感じ、多少とも見返りを支払ったうえで援助を受けたほうが気が楽になるという依頼者の意識もありました。額の多少はともかく、謝礼を支払えば雇用主・消費者（顧客）の立場になるというわけです。

また買い物や掃除、洗濯など「ためられる（まとめてできる）ニーズ」の場合、昼食を朝のうちに用意する「作り置き」の例のように、時間的な拘束度が低く、余暇時間の活用であれば無償の活動でもなんとか対応できる場合も少なくありません。しかし「ためられない（待ってくれない）ニーズ」である身体介護などへの対応は、サービスを常時提供する必要があります。安定したサービスを日常的に提供し続けるには、スタッフを専従にしたり事務局を整備する必要があります。このスタッフの専従化や事務局整備の資金として、サービス受給者にも一定額の経費負担を求めようという団体も増えてきました。このような事情から、地域福祉活動のなかに、有償でサービス提供を行う活動が生まれたという側面もありました。

しかし、この「有償ボランティア」という言葉をめぐっては、当初から厳しい意見対立がありました。というのも、アメリカやイギリスでvolunteer とは一般に対価を得ない行為を行う人を指しますから、「無[38]

38　たとえば『ロングマン現代アメリカ英語辞典』の volunteer の項では、someone who does something without being paid（無給で何かをする人）との解説がなされている。また、米国農務省自然資源保護局のホームページでは volunteer definition として Volunteers are individuals or groups who give their time, talent and abilities to a cause they believe in, without pay（ボランティアとは、無給で、その信じるところにより、時間や才能、能力を提供する個人ないし集団）としている。

償の活動を意味するボランティアという外来語に"有償"という言葉を組み合わせるのはおかしい。活動の内実が違ってくる」との反発がありました。一方、「有償ボランティア」という言葉を使う人々は、「助け合いなどの理念に共感し、相場に比べれば随分と低い謝礼を受け取っている。『ボランティア精神』でやっているのだから、適切な言葉だ」と主張し、激しく対立したのです。

「ボランティアは無償の活動だ」という主張をする人も多くは、有償活動自体を否定しているわけではありません。「有償サービスの意義は認めるが、それをボランティアと呼ぶことには反対だ」という立場です。つまり「外来語である以上、その言葉の本来の用法を守るべきだ」として、「有償ボランティア」という"言葉の使用"を批判したわけです。

実際、この言葉が広がるなかで、ボランティアセンターなどの相談窓口でも無償活動と有償活動の相談が混在するなど混乱が生じました。そこで、1987（昭和62）年、全国社会福祉協議会・全国ボランティア活動振興センターは、「実費弁償を超えた報酬を得る活動はボランティア活動とは呼ばない」との見解をまとめる一方、有料サービス、有償ヘルパー、会員制（互助制）の3つの特徴をもつ在宅ケアグループに対して、「住民参加型在宅福祉サービス団体」という呼称を作り、ボランティア活動とは用語を区別する形で、その活動を認知するという調整をはかりました。

その一方で、1993（平成5）年、中央社会福祉審議会地域福祉専門分科会が意見具申「ボランティア活動の中長期的な振興方策について」をまとめた際に「互助的有償活動」をボランティア活動のなかに位置づける見解を発表するなど、活動推進の現場では賛否が分かれる状況でした。

なお、この動きとほぼ同時期に、金銭を介さない「時間貯蓄」「時間預託」などと呼ばれる相互扶助型の活動も登場してきました。自らの活

39　教会で牧師に支給される手当を労働者への賃金（salary、wage）と区別して stipend といい、この派生語として学生に対する奨学金的手当や NPO などで一般的賃金より低く支給される手当も、こう呼ぶ場合がある。さらに、アメリカで青年が貧困者を支援するボランティア活動プログラム VISTA（Volunteers in Service to America）などでも、この種の手当が支給される活動を stipend volunteer と呼んでいる。

40　この種の活動の最初は1973（昭和48）年に水島照子氏が大阪で始めた「ボランティア労力銀行」だが、1991（平成3）年に堀田力氏が「さわやか福祉財団」を創設し、「ふれあい切符」を提唱して以降、「ニッポン・アクティブライフ・クラブ」（NALC。1994（平成6）年創立）などの登場もあり、全国的に広がった。

動時間を記録し、記録された活動時間分のサービスを他の会員から自分自身や家族に提供してもらう仕組みですが、この仕組みでは将来、参加する人の活動量が確定されておらず、人手不足も進む状況があるため、実際上、完全な保障とはなりにくいものです。しかし、「有償ボランティア」と似た発想の仕組みとして参加者を増やしてきました。

この「有償ボランティア」という日本独特の造語が、相変わらず多用されています。依頼する側にとって便利な用語であり、活動する側にも一定の経済的メリットがあるからです。

実態は「アルバイト」と変わらなくても、「有償ボランティア」と呼ぶと、ボランティアという言葉に伴う自発性が連想され、能動的イメージを込められます。そこで「アルバイト募集」とするよりも、その活動に共感性の高い人たちを得られやすくなります。しかも、最低賃金よりも低い条件であっても「ボランティアなんだから」と説明でき、「人件費」を圧縮できます。そのうえ、わずかでも謝礼を支払うことで、無償で依頼する場合よりも気楽に、指示しやすい立場で活動を頼みやすくなる。そんな思惑がうかがわれます。

一方、活動する側も「お小遣い」的とはいえ謝礼が得られます。賃金のために働くイメージが伴うアルバイトよりも、社会的に評価されているように感じられます。なかには「無償のボランティアより重要な活動を任されているから有償なんだ」と受け止める人さえいます[41]。

依頼する側にも活動する側にも便利な呼称、それが「有償ボランティア」です。そこで近年の歳出圧縮政策のあおりを受けて、人材確保に苦しむ福祉施設や資金力の乏しい市民活動団体、さらには財政危機に陥った自治体などが、積極的にいわゆる「有償ボランティア」の活用を進めるようになってきました。

❶ 「有償」と「無償」の境界は？

この議論には明快に決着をつけるのが難しい事情があります。そもそも何を「無償」とし、何を「有償」と捉えるかという判断基準が設定しにくいからです。というのも「無償」と「有償」の活動の間には、たとえば表1−1のような連続的な段階があります。

---

41 ただし、時間数で活動を評価される面もあり、他の活動者と活動量が比較されやすくなるなど、謝礼を受けることで、かえって活動者の精神的負担が増える場合もある。しかも依頼者が「雇用者」的にふるまうと、活動者は単なる「安価な労働者」となってしまう。

表1−1　経費負担と対価に関する諸段階

> A　交通費など活動に伴う実費も含め、すべて自己負担。
>
> **＜↑①完全な手弁当＞**
>
> B　交通費などの実費は受け取るが、食費など活動しなくても支払う費用は自己負担。
>
> C　活動中の食費は外食となる分、経費がかさむので、活動先から出してもらう。
>
> **＜↑②実費弁償[42]の範囲での経費保障＞**
>
> D　お歳暮の品や施設の自主製品などを、ご挨拶や感謝の気持ちとして受け取る。
>
> E　活動時に提供されたユニフォームのＴシャツなどを記念品としてもらう。
>
> **＜↓③活動に応じた対価の授受＞**
>
> F　交通費などの実費弁償に加えて、最低賃金[43]よりも低い対価（謝礼）を受け取る。
>
> G　特殊な技能などを、最低賃金を上回るが「相場よりも低い」[44]謝礼で提供する。
>
> **＜↓④一般の仕事＞**
>
> H　相場に応じた報酬を受け取る。

[42] 労働の対価ではなく、活動にかかる交通費や材料費、弁当代などの実費を支払うこと。

[43] 最低賃金法などに基づいて決定される賃金の最低基準額。使用者はその額以下で労働者を雇用することを禁止されている。日本では、地域別・産業別に最低賃金を定めている。

Aはまったくの手弁当であり、Hは一般の労働と同様ですが、その間のBからGのどこかに「無償」と「有償」を線引きするとしても、根本的には相対的な差でしかないともいえるからです。実際、経済的に余裕の少ない人も活動に参加できるための保障という意味もあり、表1−1で「②実費弁償の範囲での経費保障」の範囲までは、無償の活動の一環とされる場合が一般的です。さらに次のD、Eの場合も臨時的であったり実費弁償に代わるものであることから、それをもって有償活動だと見なされることはほとんどありません。

ただし、「③活動に応じた対価の授受」の段階、特にFの状態が日常的に続けられる場合は、従来のボランティア活動とはかなり様相が異なってきます。つまり「有償ボランティア」という場合、このF、Gの

44　たとえば弁護士に相場より低額の謝礼で弁護を依頼するような事例。なお、無償の活動だが、アメリカやイギリスでは弁護士や公認会計士など専門職が自らの専門性を活かして、弁護士ならば法律相談や弁護活動、公認会計士ならば税務書類の作成などに無料で取り組む活動を「プロボノ（ラテン語の pro bono publico ＝公共善のため、の略語）」と呼ぶ。たとえば、米国法曹協会では年50時間以上のプロボノ活動の実施を行うことを推奨している。近年、日本でも、企業人などがその専門的技能を活かして市民団体の運営を支援する活動を、「プロボノ」と呼んで推進する取り組みが広がっている。

形態の活動を指すといえます。

❷ システム化すればするほど「雇用労働」に近づく「有償ボランティア」

　問題なのは、特に「Ｆ」の状態の場合、その活動がシステム化すれば
するほど、労働者保護法規で定義する「労働者」（雇用労働者）に近づ
き、いわゆる「有償ボランティア」が「ボランティア」という言葉を利
用した体のいい低賃金労働となりかねない危険性をはらむことです。し
かも、「ボランティア」という言葉が加わることで対価を超えた危険を
背負う場合もあり、この点でも問題となる可能性があります。[45]

　労働基準法では、労働者を「職業の種類を問わず、事業又は事務所
（以下「事業」という。）に使用される者で、賃金を支払われる者」（第
９条）と定義し、この労働者に対して雇用主は最低賃金法の遵守や労働
者災害補償保険法などによる労働者保護を行わなければなりません。

　「労働者」と見なすかどうかのポイントは、「使用される」という規定
です。「使用される」状態にあるかどうかは、一般に**「使用従属性の有
無」**で判断されます。「従業員」という言葉に象徴されるように、他人
の指揮監督下にあり、他人に従属して労務を提供しているかどうかが判
断基準となるわけです。具体的には、使用者の指示に対して諾否の自由
があるか（諾否の自由があれば労働者ではない）、業務の内容・遂行方
法の指揮を受けているか（内容を自らの判断で自由に企画できれば労働
者ではない）、自らの判断で代替者や補助者を使えるか（自由に代替者
などが使えれば労働者ではない）……、などの判断基準で個々の事例が
検討されます。

　つまり、ボランティアならではの自由な活動が保障されていれば「労
働者」とは見なされず、逆に、システム化が進み、自由に休んだりでき
にくくなると、労働者保護法規でいう「労働者」に近づくことになりま
す。

45　労働政策研修・研究機構「NPO就労発展への道筋──人材・財政・法制度から考え
　　る」2007年では、2005（平成17）年の調査で、「有償ボランティア」の謝礼金の平均額は
　　１時間あたり約775円、中央値650円。平均では最低賃金以上の謝礼を得ながら「ボラン
　　ティア」と呼ばれる一方、約半数の人は最低賃金以下の謝礼となっている。また「有償
　　ボランティア」があげた活動上のデメリットでは、「怪我や事故などの危険がともなう」
　　の回答が20.1%。パートタイムなどの非正規雇用職員に同様の質問をした結果は19.4%で
　　あり、怪我などの危険への不安を感じている「有償ボランティア」は労働基準法の保護
　　を受けている非正規雇用者よりも多いことになる。

❸ 「有償ボランティア」の使用は避けるべき

　一方、「有償ボランティア」の問題点としては、社会保障費の過度の圧縮などといった、問題の深刻さが社会の表面に現れにくくなっていくこともあります。たとえば2003（平成15）年9月より始まった指定管理者制度では、「公の施設」の管理に民間活力を活かそうとする政策が進められました。しかし、そこで期待される"民間活力"として特に効率性（要はコストの低さ）が重視された結果、施設管理運営のために"安価なマンパワー"の確保が課題になってきました。「骨太の方針2006」で、社会保障費を5年間で1兆1000億円抑制する方針が決定されて以降、厳しい歳出抑制策によって経費不足となった社会福祉施設などでも同様の傾向が起こりがちです。いわゆる「有償ボランティア」は、こうした背景のもと、スタッフの確保に苦しむ現場が苦肉の策として募集する場合も少なくありません。

　このように見ていくと、マスコミなどでは相変わらず「有償ボランティア」という言葉が多用されており、今さらと受け止める人もいるでしょう。しかし、呼び方の問題としては、やはりこうした活動をボランティアと呼ぶことは避けるべきです。つまり、「ボランティア」という場合は表1－1（31頁）のEまでの活動とし、FやGの行為をボランティアと呼ぶのは止め、「有償スタッフ」などと呼ぶべきでしょう。

（4）「自発性」をどうサポートするか？
── 「バリアフリー」と「呼び水」的な働きかけ

　以上のようにボランティア活動のキー概念をふまえると、ボランティア活動への参加を応援することは、その人の暮らしを社会に開くための支援ということになります。そこで、うまく「開く」ことができるように支援することが必要になりますが、そのためにはまず「活動参加に向けてのバリアフリー」、つまり活動に参加する際の障害となっているものを取り除いていくことが大切です。

　ボランティア活動の参加には、大きく2つのバリアがあります。**イメージのバリア**と**情報のバリア**です。イメージのバリアとは、行政のスタイルなどから連想される窮屈なイメージが伴いがちなことです。そこで、普段の暮らしの延長線上にある活動なのだということを伝えることが必要です。また情報のバリアとは、「何かしたい」と思っても「何をしたらよいか分からない」と「何もできない」という問題です。

「私」の暮らしと「公共的な世界」の間を連続的に捉えるときに、示唆に富むのが、「ボランティア≒恋愛」論。要は、ボランティア活動と恋愛には、似ている点がたくさんあるということ。

まず、①**「ともに自発的な無償の行為」**だ。もし対価を得るための"恋愛"ならば「売買春」や「結婚詐欺」になってしまう。元来、普段の暮らしのなかで対価を期待していない行為は少なくない。共感や愛情という思いが行為を支えている。

また、②**「ともに対象を選べるし、選ばなければ始められない」**。活動テーマを選べないとボランティア活動は始められないが、恋愛も、もちろん相手を選ぶものだ。

その際に重要なのは、③**「ともに好きである」**こと。恋愛は言うまでもないが、ボランティア活動でも、子どもが好きだから児童施設で活動し、鳥が好きだから野鳥の会に入る。好きな対象が理不尽な状況にあることへの"怒り"から始まる場合も含め、「好き」であることが活動のエネルギー源となる場合は少なくない。

また、④**「ともに"機能"以上に"存在"に意味があるかかわり」**という面がある。ともに悩み問題解決のため努力する「存在」であることは、ボランティアの重要な意義の1つだ。同様に「あんな奴と付き合っても苦労するだけだ」などと言われようとも、「一緒にいるだけでよい」という関係は恋愛の真骨頂だろう。

さらに、⑤**「ともに出会いは偶然によるところが多い」**。最初から「この活動をしよう」と決意して活動が始まることはそう多くない。活動も恋愛も、偶然の出会いから、徐々に思い（入れ）が高まってくることが多い。

しかも、⑥**「ともに苦しいこともあるが、元気の源ともなる行為」**だ。恋愛もボランティア活動も、楽しいことばかりではない。厳しい現実に直面して苦しむことは多く、努力なしに解決できない課題に取り組むこともある。しかし、夢や願いを共有する仲間／パートナーとともに努力することで、大きな充実感を得ることができる。

そして、⑦**「ともに自分だけが満足するのではいけない」**。相手の辛さを自らも分かち合い、相手の喜びを自分の喜びとする姿勢でないと恋愛は破綻する。ボランティア活動でも、自己満足的な活動に堕してしまわないためには、活動の相手の状況を考える視点が不可欠だ。

では、両者はどこが違うのか？　それは、まず効果や対象が「開いているかどうか」。「世界は2人のために」という曲ではないが、恋愛はパートナーとの関係が重要で、2人だけで秘する面さえある。その点で、ボランティア活動と恋愛は似て非なるものとなる。

また、ボランティア活動の場合、「好き」というよりも「怒り」などから始まる場合も少なくなく、義憤を感じて取り組まれる活動に、恋愛との近似性を見出すのは困難だ。

このようにボランティア活動と恋愛には重大な相違点もあるが、たとえばパートナーが外国籍の市民で、愛するパートナーを思う気持ちから外国人に対する差別の撤廃運動に乗り出すと、それはボランティア活動になっていく。つまり、閉じていたものが開いていくことがある。個人の存在のなかに公共性の芽があり、公共性は個人の暮らしの集合でもある、ということだ。

❹❻「ボランティア≒恋愛」論は、大阪ボランティア協会の機関誌『月刊ボランティア』1994年4月号「V時評」で、本章を担当する早瀬が解説して以来、よく紹介されるようになった。

47　怒りが起こる背景には、対象に対する"愛情"が介在する場合もあるが、正義感や信仰上の規範意識から怒りが生ずる場合も多く、"愛情"だけで説明することは難しい。

そこで、参加しやすいボランティアプログラムの具体的な情報提供や、活動に関心をもつ人の都合をもとにした活動情報が検索できるシステムの開発運用などが必要になります。[48]

この2つのバリアに加えて、ときに課題となるのが「自発的であるべき」というボランティア活動のキー概念です。というのも、そもそもある行為が「自発的」になされたものであるかどうかを判断することは、実はとても難しいことです。これは心の状態を表すわけですが、ワクワクした面持ちで活動をしていても内心は嫌々なのかもしれませんし、逆に助力を求められ渋々しているように見えても、実は「頼りにされて嬉しい」という場合もあるからです。実際、たとえば寄付をしない一番の理由は「呼びかけがなかったから」であるように、呼びかける、声をかけるということは、ボランティア活動への参加を促す大変に有意義な手法です。[49] 権威や権力を使った強制は論外ですが、自発性の尊重を厳密に解釈するあまり、何も働きかけていけないわけではありません。では、どうしたらよいのでしょうか？

「誰かに背中を押してもらえたら、参加したいと思っている」人も少なくありません。強い自発性がないからと、このような人を「それでは駄目だ」と排除してしまっては、参加者の輪がなかなか広がらない事態になります。そのような場合、「参加したら面白かった。新鮮な体験で楽しかった」と言ってもらえる活動プログラムの開発も必要になります。こうした体験の機会が提供できれば、次からはより自発的に参加することになるでしょう。「アンダーマイニング効果」を発見したエドワード・L・デシは、有用感を実感できたときに内発的な活動意欲が高まることを各種の実験で証明していますが、これは「やる気があれば、できる」のではなく、「できることで、やる気が生まれる（高まる）」ということでもあります。その意味でも、**自発的参加への「呼び水」**となるようなプログラムの開発が重要になってきます。

「ボランティア活動の心構え」を伝えることも支援策の1つですが、それは本節の最初に記したように、行政と同様のスタイルで活動しなければならないということではなく、私的な暮らしから開かれた活動に展開する際のスタイルの違いを自覚して、活動にかかわるように促すものです。具体的には、メンバーやパートナーとともに活動計画やルールを

48　各地のボランティアセンターなどで、さまざまなシステムが運用されている。
49　中央共同募金会「共同募金とボランティア活動に関する意識調査」1995年

作成し、それを守るように努力することに加え、記録の作成と報告など運営を透明でオープンなものにしていくことも、「開く」というキー概念につながる大切なポイントです。逆に、たとえば「約束は守りましょう」といった当然のことが「心構え」に書かれることがありますが、これは「自分は良いことをしているのだから、無断で休んでも怒られる筋合いはない」などと考えないように注意すること以上の意味はないといえます。この種の留意点をまとめる際には、単なる訓話を超え、より実践的なガイドラインとすることが必要です。

第2節 ▶ ボランティア活動の社会的意味

第1節では、ボランティアのキー概念である「自発性」「社会性」「無償性」の意味について詳しく見てきましたが、このような特性で定義づけられるボランティア活動には、どのような社会的意味があるのでしょうか？　本節ではこの点を掘り下げてみましょう。

1. ボランティア活動の特長
——公共活動の新たな／もう1つの担い手

結論からいえば、ボランティア活動など市民による社会活動には、これまで公共活動の主要な担い手とされてきた行政では実現が難しいことを容易に実現できる特長があります。つまり、自発的な取り組みはときに行政の限界を超えることができるわけで、そこからボランティアは「**公共活動の新たな／もう1つの担い手**[50]」だということもできるわけです。

（1）機動的な取り組みが生まれやすい

行政との動き方の違いが顕著に表れるのが大災害が起きたときです。たとえば1995（平成7）年の阪神・淡路大震災でも、発災直後、目の前の課題に機動的にどんどん対応していくボランティアと、公平原理のために起動力を奪われた行政との対応の違いは際立っていました。

行政は「公平」が大原則です。ところが大災害の発生という非常時、この公平原理が行政の動きを止めてしまいます。というのも、まず公平に動くためには「全体」の把握が不可欠です。たとえば、全体で1000人の被災者がいることを把握できずに、把握できた700人分を支援すると、残りの300人の被災者にとっては、大変"不公平"な状況が生まれます。災害はその規模が大きければ大きいほど、「全体の把握」が困難です。阪神・淡路大震災でも、被害規模の大きさは徐々にしか分からず、犠牲

50　一般的には行政を「第1セクター」、企業を「第2セクター」、民間非営利活動を「第3セクター」と呼ぶ。しかし、歴史的には人々のボランタリーな営みが先行し、次いで株式会社の登場により営利セクターが生まれ、最後に人権の実現のための近代的政府が成立した……と見るならば、本来の「第1セクター」は非営利セクターだともいえる。その意味では「公共活動の新たな担い手」という表現は正確ではなく、「公共活動の担い手の再発見」などと言ったほうがよいという意見もある。

者が5000人を超えることが分かるまでに、実に８日を要しました。2004（平成16）年に発生したインド洋大津波の際にも、当初最も大きな被害を受けたインドネシアよりも、スリランカのほうが犠牲者が多いように報道されていました。2011（平成23）年の東日本大震災の場合も、被害の全体像が把握されるまでには多くの日数を要しました。大災害では、このようなことがよくあります。

「全体」の把握が難しいなかでは、事実上"公平"な対応は不可能です。ところが行政には、こうした非常時にも"公平さ"が要求されます。被災者からそれぞれ異なる救援依頼が寄せられても、依頼者が被災者「全体」のなかでどの程度の優先度があるかが分からないまま、即座に対応すると「早い者勝ち」になってしまいます。そこで、依頼をいったん受け付け、「全体」の状況が把握できた時点で……ということになるなどの事情から、行政サービスは、いわば後手に回った対応にならざるを得ませんでした。つまり災害時の緊急を要する場面でも、行政は「全体の奉仕者」としての規律を守って動くがゆえに、特に、一人ひとりで状況が異なることから、個々の状況把握が重要な福祉サービスなどの分野で機動的な対応が難しくなるのです。

一方、自発的に参加するボランティアには、この「全体把握という拘束」はありません。それこそ、水汲みで困っている人と出会ったとき、「私が手伝いましょう」と言えばよいのです。1995（平成７）年の阪神・淡路大震災では、マスコミの報道は神戸などが中心でしたが、「私は知人が大阪の豊中にいる。豊中でも大きな被害が出ているようだから、私は豊中に向かいます」ということでよいのです。

自分なりに気づき、自らの責任で行動する意志さえあれば、どのような課題を選び、どんなペースでどの程度かかわるかは自由です。「全体」の状況が把握できていなくても、ともかく目の前の課題に機動的に取り組んでいくことが可能でした。

以上、災害時の事例を紹介しましたが、機動性が発揮されるのはもちろん災害時だけに限りません。全体の合意が必要な行政と違い、自らの判断・決断で行動できる自発的活動は、どのような活動でも、状況の変化に即応することが容易です。

（2）個々に応じた温かい対応ができる

公平さを優先しなければならないわけではないからこそ、ボランティ

アの取り組みは一人ひとりの状況の相違に応じた対応ができ、結果として「温かさ」を生み出しやすくなります。公平であることは、とても良いことと思われがちですが、一律で画一的な対応とならざるを得ないものでもあります。一方、「他ならぬ、あなたのために」というかかわりは、公平ではありませんが、温かみを感じさせる対応が可能です。

　たとえば地域の複数の福祉施設に公平に接するため、毎月、順番に回って活動するといったスタイルのボランティア活動があってもよいのですが、そうではなく「自分は、あの施設の運営方針にとても共感する。だから、その施設で活動する」というスタイルを取ることができるのがボランティア活動です。ボランティアを受け入れる立場からは、後者のようなボランティアに来てもらえるほうが、やはり嬉しいでしょう。

　それに、公平原理に拘束されていなくても、受け身の姿勢で求められたことに機械的に対応するだけでは、温かさが生まれることはありません。逆に自主的なかかわりでは、相手を思う気持ちや共感から細やかな配慮や気配りがなされますから、家族や友人と同じような温かい関係を作ることができるのです。

　ボランティアは、社会のすべての課題に公平にかかわることはできませんから、何らかのテーマ、対象を選んで活動せざるを得ません。これはボランティアの限界のように見えますが、画一的な対応を排し、個々に応じたきめ細かい対応をすることができるという面から見れば、強みでもあるのです。

　なお、公平原理で動く行政は、個別的な事情に配慮した対応が困難な分、冷たく感じられやすいのですが、実はこれは行政の良さとなる場合もあります。つまり、好き嫌いや相性の合う・合わないなどで特別扱いせずに、ルールに基づいて公平に対応することは、行政職員が守るべき大切な規律です。

（3）多彩な取り組みが生まれる

　「多彩な活動が生み出せる」点も、ボランティア活動など民間活動の重要な長所です。ボランティア活動は、一人ひとりの「私」がそれぞれの創意で、それぞれが気づく課題にそれぞれの得意な方法で対処するため、ボランティアの活動全体を見ると、とても多彩になるのです。

　これは、行政には難しい作業です。行政は、住民全体の少なくとも過

半数の人が賛成することしかできないため、住民の賛同が得られる最大公約数的なサービスにとどまらざるを得ないからです。ここでも行政は、「全体の奉仕者」という壁に直面することになります。

　たとえば、阪神・淡路大震災の際にも、アトピー症の子どもをもつ親たちや医療関係者などで作る「アトピッ子地球の子ネットワーク」は、電話も通じないという混乱の真っただ中にあった発災当日の１月17日のうちに、全国の支部と連絡を取り合い、被災地の市や区ごとに病院などの拠点を決め、アトピー症の子どもたちにとって負担のかからない食事を届ける全国ネットワークを作り上げました。救援物資のお弁当や炊き出しという、思いを込めて提供された食事であっても、中に入っている白米や卵で身体中にジンマシンを作ってしまう子どもたちのことに気づく人は多くはありませんでしたが、アトピー症の子どもをもつ親は、すぐにその課題に気づいたのです。

　このようなことが各地で起こりました。獣医らがペットの世話に乗り出しました。自転車屋の人がしばらく店を休んで現地に出張し、パンクが絶えなかった自転車の修理ボランティアとして活躍しました。東南アジアとの貿易に取り組む商社マンが、神戸市長田区などに居住者の多いベトナム人（多くは元・ボートピープル）への情報提供に走り回りました。

　ところで、こうした外国籍の人については、今日、日本における外国籍の住民が300万人を超え、国際結婚が３％を超える[51]など、地域社会で国際化が進展しています。今後、多文化共生社会を実現することは、ますます重要な課題となっていきますが、このとき行政は、どのような文化を背景にもつ人々に対しても基本的人権を保障することは努力します。しかし、それぞれの文化・価値観に応じた対応には、公平さを損なわない範囲でしか取り組めず、結局、多彩なメニューを生み出すことは困難です。つまり社会の構成員が多様化すると、行政の対応の限界が顕著になってきます。

　これに対してボランティアは、それぞれが共感する国や文化を選んで、自らのスタイルで活動することができ、さまざまな生活に多彩な

51　法務省の在留外国人統計では、2023（令和５）年６月末に日本に暮らす外国人は約322万4000人。総人口の2.59%を占めている。

52　2021（令和３）年度の厚生労働省・人口動態統計では婚姻件数の3.3%が国際結婚。1980（昭和55）年は0.9%であったが、近年、国際結婚は大幅に増加している。

サービスを提供することができます。

　行政機関は1つの行政区域に1つしかありませんが、ボランティア活動などの自主的社会活動には多様な団体が存在し、互いに切磋琢磨しながらさまざまな活動を展開していきます。そこで、ボランティアの応援を受ける人々は、多彩なサービスのなかから自分に合ったものを選ぶことができるようになるのです。

　阪神・淡路大震災を大きく上回り数千のNPOが活動した東日本大震災でも、それぞれの特性を活かして、緊急救援から復興支援にまで、多種多様な取り組みが進められましたし、今も活動を継続している団体も少なくありません。このように自発的な活動は、それぞれの関心やこだわりを起点に、実に多彩な活動を展開できるのです。

（4）先駆的、開拓的、創造的な取り組みに挑戦する

　行政の取り組みは、議会などでの協議を経た全体の合意のもとで実行され、結果に対する責任も全体で負う仕組みですから、実行にあたって慎重な検討がなされ関係者との調整が求められます。さらに過去の受益者との公平性を保つという論理で、「前例踏襲」が繰り返されがちです。そのため、他に例のない新たな取り組みを実行するにはハードルが高くなります。

　しかしボランティアをはじめとする民間活動では、自らが結果に対する責任をとる覚悟と能力さえあれば、他者との合意がなくても自由に活動できます。そのため、現状を改革し、未知の取り組みや開拓的な方法に果敢に挑戦することも容易です。しかもボランティア活動など営利を目的としない活動には、「収益が得られないから」と企業が手をつけない分野でもサービスを創造するべく果敢に挑戦してきた事例が数多くあります。

　今や690万人にもなる要介護（要支援）認定者を抱える介護保険制度[53]で提供されている在宅福祉サービスのメニューのなかには、実質的に公的ホームヘルプ制度の対象から除外されていた中所得階層の人々の助け合い活動から始まった住民参加型在宅福祉サービス団体が、試行錯誤を重ねた末に蓄積されたノウハウも少なくありませんし、そのホームヘルプ制度自体も、一女性ボランティアの活動を契機に、1956（昭和31）年に長野県上田市で始まった「家庭養護婦派遣事業」[54]が起点とされています。こうした事例は、福祉サービスに限らず、あらゆる社会サービスで

[53]　人口の高齢化、要介護高齢者の増加、介護家族の負担過多、社会福祉サービスの不足、社会的入院・老人医療費の膨張等を背景に、介護の社会化を目的として、従来の老人福祉・老人保健・老人医療制度の問題点の解決をめざして2000（平成12）年から開始された社会保険方式による社会保障制度。要介護（要支援）認定者数は2021（令和3）年度末の状況。

[54]　1952〜1953（昭和27〜28）年頃、母子家庭の母親であった一人の女性が取り組んだボランティア活動に触発され、1955（昭和30）年に上田市社会福祉協議会が同種の活動に助成を開始。翌年に「家庭養護婦派遣事業」となり、これが今日のホームヘルプ制度に発展した。

も見出すことができます。

　このように、現在、制度として展開されている行政サービスの大半は、もともと市民の試行錯誤のなかから創造された活動が広がり、一定の実績をあげたことで、全体に普及させるために制度化されたものなのです。

　「民間活力」という言葉は、決まったことを実行するだけにとどまることもある行政に対し、利益の最大化をめざす企業の創造力やエネルギーを指して使われる場合が多いわけですが、実は「放っておけない」「なんとかしたい」という市民の意欲もまた、「民間活力」の1つだといえます。[55]

（5）「当事者意識」を広げ、市民の自治力を高める

　以上、ボランティア活動などの特長を列記してきましたが、実はこれらの特長は前述の収益の得にくい分野でも活動を創造するという重要な特性を除くと、民間活動全般に共通する性格であって、企業の取り組みでもあてはまる特長です。東日本大震災でも、多くの企業が緊急救援から産業復興まで多彩な被災地復興活動に取り組んでいます。[56]

　では、企業にはない、ボランティア活動など市民が主体となった活動ならではの特長とは何でしょうか？　それは、社会のさまざまな問題に対して「当事者」としての意識をもつ人々が増え、「市民の自治力が高まる」ことです。ボランティア活動に参加することによって、社会的な課題に対して「他人事」とみなす第三者的な立場ではなく、「自分とつながっていること」と感じるようになり、また市民が公共サービスの受益者・消費者という客体の立場だけではなく、市民自らに課題を解決する "当事者" としての意識が高まり、サービスの創造者・提供者という主体としての立場にも立つようになるからです。

　「当事者」という言葉は、『広辞苑』によると「そのことまたは事件に直接関係をもつ人」を指す言葉ですが、この当事者には、存在として「当事者である」人と、その行為によって「当事者となる」人がいます。

55　19世紀末から20世紀初めにイギリスで活躍したウェッブ夫妻は、国による最低生活保障を前提に、民間事業が梯子を繰り出すように独自の個別的支援を行うことで、より高次の福祉を実現できるとする「繰り出し梯子理論」（extension ladder theory）を提唱。「平行棒理論」に代わって、民間社会事業の運営に大きな影響を与えた。

56　経団連政治・社会本部に事務局がある「1％クラブ」では詳細な報告をまとめている。
http://www.keidanren.or.jp/policy/2012/011.html

前者の「当事者である」人とは、たとえば介護を必要とする高齢者やその家族、外国籍住民など、日々の暮らしのなかでさまざまな生きにくさを抱えている人たちです。

これに対して「**当事者になる**」というのが、一般的なボランティア活動のスタイルです。つまり、当初は「当事者」としての意識がない人たちが、社会の課題と接することで、その課題を他人事ではなく自分の問題だと受け止め、直接的にその課題解決にかかわろうとする。「当事者になる」わけです。

「当事者になる」ことは、「当事者である」人たちにとっても重要です。「当事者である」人たちも、自らその課題を社会に訴えていくなどの行動がなければ、活動のダイナミズムを生み出せないからです。たとえば自殺問題は、かつて自死を選ぶ人や遺族の個人的問題と扱われることもありました。それが深刻な社会問題と認識され、自殺対策基本法の成立などに発展したのは、遺児たちが自ら名乗り出て、自殺の背後にある社会問題の解決を訴えたからでした。つまり、社会の課題解決を進めるには、多くの人々の間に「当事者になる」というボランタリーな姿勢が広がることがとても大切なのです。

このように市民がボランティア活動に参加することには、問題が起こる際に被害者意識ばかりが広がる無気力な社会から、自らの力で問題を解決していこうという能動的な社会に変えていく起点となる可能性も秘められているわけです。

また、福祉施設やごみ処理施設などの開設に際して、現地住民と開設者側との間にときとして起こる「地域社会コンフリクト」(地域住民との対立)は、住民も社会問題解決の主体なのだという意識が高まることで合意点を見出しやすくなる可能性もあります。

＊

以上、ボランティア活動の特長を列記してきましたが、このようにボランティア活動は「行政の穴埋め」的な存在にとどまらない多くの可能性を秘めた活動です。また、ときには行政責任として取り組まれるべきことであっても、緊急避難的に対応することもあります。このように臨機応変な対応ができるのも、ボランティア活動の特長の1つといえます。

2.「市民社会」の創造

　このような特長をもつボランティアが活発に活動することで、支援対象となる団体や施設、社会は、どのような姿になるでしょうか？

（1）団体や施設にとっての意味

　「ボランティアが活発に活動する団体や施設」では、団体や施設の掲げる "使命" に共感した市民が、その取り組みをより良いものにしようと、時間や労力を提供するのはもとより、多くのアイデア、そして何よりも意欲をもって参画していきます。これにより、団体や施設の活動をボランティアと協働で進めることができます。ボランティア個々人は団体や施設の業務そのものについては専門性をもっていない場合が少なくありませんが、ボランティアが企業などで働いている場合はもとより、家庭の主婦や退職者であっても、それぞれにユニークな専門性や経験をもっています。そこで、それらの多彩なタレント性が結びつき活かし合えれば、職員だけで取り組むよりも数倍の成果を生み出すことができるでしょう。しかも、内発的な動機づけに基づいて参加する人々から創造的な提案や工夫がもち込まれ、この「**参加の力**」をテコに団体や施設の運営が活性化していくことも期待できます。

　しかもボランティアと団体や施設とは、経済的報酬ではなく団体や施設がよって立つ使命への共感によって結びつくわけですから、行政からの委託事業収入だけに依存し、法律や制度に従うことばかりに追われるのではなく、広く市民に共感される事業に力を注ぐことができます。

　このときボランティアは、より共感でき、自らの能力が活かせる団体や施設で活動しようと思うので、他の団体や施設との間にボランティアの協力・参画を得るための「競争」が起こります。そこで団体や施設は、法律や制度で定められた事業の枠を超えた、より魅力的な事業、共感を得られる事業の開発と推進に努力しなければなりません。この努力は、ボランティアだけでなく寄付を集めるうえでの効果も生じますから、こうした団体や組織は通常の事業収入に加えて寄付金も増え、より自由な事業運営の可能性が高まります。

（2）社会にとっての意味

　一方、人々が「ボランティアとして活発に活動する社会」とは、困難

に直面している人々の存在や社会の不公正などを前に、「放っておけない」「我慢できない」と思う市民が、その解決のための努力を積極的に展開していく社会です。それは、ちょっとした「気づき」「思いつき」から始まる場合もありますが、同様の思いを抱く人々や実際に課題と格闘する当事者と協力し、ともに企画を具体化することで、現実的に有効な方策に成長し、それまでにはなかった新たな課題解決策が創造されることも少なくありません。

こうして、人々が課題解決の重要な担い手になる体験と実績が蓄積されることにより、世の中を改革・創造していく主体は、私たち市民自身だという**自治意識**が社会に広がります。

全体の合意がないと動くことができない行政と違い、さまざまな視点や発想から始まるボランティアの活動は、問題解決のための多様な「解」「方法」を生み出していきますし、制度の制約にとらわれずに柔軟に課題解決の方策を編み出せる場合も少なくありません。つまり、「思いつき」も含めて既存の発想にとらわれない発想法は、先駆的・開拓的な取り組みに発展する潜在的な可能性を秘めています。また前述したように、ボランティア活動などの民間公共活動には、行政では対応困難な課題に容易に取り組める特性があるので、社会全体として課題を解決する力を高めることができます。

（3）個人にとっての意味

このような活動で人々は、社会的な役割を得て、それにより自分自身の存在の意味を自覚できる「**社会的自己実現**」の機会を得ることができます。また、さまざまな立場と個性をもつ人々と出会い、あるいは社会問題の現実に向き合うことにより、視野が広がるとともに体験をふまえた知識が蓄積されます。活動を通じて得る体験的な学びは、その人の人格形成において、大きな意味をもつことになるでしょう。

このボランティア活動を通じた学びに着目して、「ボランティア学習」と呼ばれる学習が設定されることもあります。実際、活動を通じて、地域社会や世界の抱える多様な課題を知り、課題解決のために自らが果たせる（果たすべき）役割に気づき、その具体的方法について試行錯誤的な体験も経ることで、市民としての深い学びを得ることになります。

さらに、さまざまな社会的ハンディを抱えながら自分らしい生き方を追求する人との出会いでは、人間の見方、考え方を高められるような場

合も少なくありません。

　もちろんこうした実践は、市民の自治力を高める基礎にもなります。かつてイギリスの政治学者ジェームズ・ブライスは、「地方自治の実践は民主主義の学校であり、民主主義を成功させる最良の保証である」としました。地方自治の実践とは、市民が社会の主体としての意識をもち、多様な価値観をもつ人々とのかかわり合いのなかで合意を築いていくプロセスですが、その取り組みはボランティア活動として展開される場合が多いでしょう。その意味で、ボランティア活動への参加自体が、**「民主主義の学校」**としての意味をもつといえます。

＊

　このようにボランティアが活発に活動する社会は、一人ひとりの市民が主役となり、個々に独立しつつ互いの違いを認め合い、助け合い、プロセスを大切にしながら社会づくりに参加し創造し、自らも成長していく社会……ということになります。それは、前述したボランティア活動の特長が活かされている状態にあるわけですが、このような社会を本書では**「市民社会**（civil society）」と呼びたいと思います。

　「市民社会」という言葉は、さまざまな意味で使われます。それを「封建社会」の対語として使う場合は、17世紀から18世紀に起こった、イギリスの清教徒革命・名誉革命、アメリカ独立戦争、フランス革命などを通じて、絶対王政に対抗する力をもった商人・資本家らの「市民」が社会の主役となり、人権、政治参政権、経済的自由と私的所有権を確立した社会をいいます。この定義からは、日本を含む近代社会の多くは、既にこの「市民社会」になっているといえます。

　しかし、近年は、政府や企業から独立した市民団体が社会的な発言権を高め、また社会を構成する主要な担い手の１つとして活躍している社会を「市民社会」という場合も増えてきました。つまりボランティア活動・市民活動が活発な社会ということですが、現在の日本社会は政府や企業に比べて、市民団体の力はあまりに弱く、また多くの市民が参加している状況にはありません。今後、ボランティア活動の活性化を通じて「市民社会づくり」を進めていくことが大切だといえます。

57 1838〜1922年。右記の言葉はブライスが82歳で書き下ろした大作『近代民主政治』（1921年）の一節。

58 国連では、ボランティアグループやNPOを指して、civil society organizationと呼ぶことがある。

第3節 ▶ 日本におけるボランティア活動の歴史

次に現実にボランティアが果たしてきた役割を確認するため、主に近代日本でのボランティア活動の歩みと活動を取り巻く環境の変化をたどることにしましょう（ボランティアコーディネーターに関する動向は第2章で詳しく解説します。なお、190頁から193頁の年表も参照してください）。

1. 明治期から戦前までのボランティア活動の展開

日本には古くから仏教を中心とした慈善事業[59]の歴史があり、日本最古の寺とされる四天王寺[60]に施薬院（現在の薬園・薬局）、療病院（現在の病院）、悲田院（現在の福祉施設）などが併設されていたように、多くの取り組みが重ねられてきました。その後も時代とともにさまざまな形で社会サービスが展開されてきましたが、本節では近現代にしぼって、日本におけるボランティア活動にかかわる歩みをたどることにします。

日本の近代は開国と明治維新以降を指しますが、第1節1（2）の「言葉が生まれる以前にも『ボランティア』はいた」で紹介したように、まだ「ボランティア」という言葉が日本に伝わっていなかった時期にも、ボランティアと呼ぶにふさわしい人々は数多くいました。

また1880（明治13）年には、young man の訳語に「青年」という造語を考案して東京基督教青年会（日本で最初の YMCA）が創設され、さまざまな社会活動を始めました。1897（明治30）年に片山潜（1859〜1933（昭和8）年）が日本最初のセツルメント、キングスレー館を東京都神田に創設。1923（大正12）年には、前年に起こった関東大震災の被災者を支援する東京帝国大学の学生たちにより帝大セツルメントも創設されています。イギリスのセツルメントでは学生ボランティアが大きな役割を果たしていましたから、その影響を受けた日本のセツルメントの登場を考慮すると、遅くとも大正時代には日本に「ボランティア」という言葉が伝わってきたと考えられます[61]。

ただし、1896（明治29）年に公布され1898（明治31）年に施行された民法で、公益法人設立に「許可制」が導入されたことは、日本の民間社

[59] 本来は、宗教的な契機に基づく救済事業のことをいうが、より広くは、宗教性を伴わないものも含め自主的な救済事業全般のなかで、基本思想に人権擁護などの基盤をもたないものをいう。社会福祉の発展段階の1つとして捉えた場合、国家が施策として介入する前段階で、教会や寺院が貧困者等を対象に行った援助をいい、国家施策の成立後はその補完、代替の役割を担った。

[60] 593年、聖徳太子が建立した。

---

[61] 文献上に残る最古のボランティアという言葉は、1932（昭和7）年に雑誌『社会事業』に発表された「隣保事業に於けるヴォランチアの役割」（内片孫一）とされている。

62 公益法人が目的とする
事業を所掌する官庁のこ
と。

会活動のあり方に大きな影響を与えました。これは、営利を目的とせず
公益活動を進める団体は、主務官庁[62]の許可がなければ法人となれず、法
人格取得後も行政の監督下に置かれるという仕組みです。行政が民間団
体に「お墨付き」を与える面があるため許可のハードルは高く、しかも
法人化すると行政による指導監督を受けることになります。公益法人の
活動を行政が管理しつつ保護する形態で、官庁と公益法人との癒着を招
きやすいなど多くの弊害がありましたが、この体制は最近まで長く続く[63]
ことになりました。法人化しない団体（任意団体）はこの制度の規制を
受けませんが、税制上の優遇などは受けられず、団体として契約できな
いなどの不利な点も少なくありません。このように公益法人と任意団体
の差は大きく、いわば民間社会活動の世界に「二層構造」を生み出すこ
とになりました。

　また、知事が地域の篤志家に貧困者の相談相手を委嘱する仕組みが
1917（大正6）年に岡山県で「済世顧問制度」として始まりました。一
方、これとは別に1918（大正7）年には大阪府が「方面委員」の委嘱を
始め、同様の活動が全国に広がるなか、1936（昭和11）年、国がこれを
方面委員令として制度化し、戦後、現在の民生委員制度になりました。
また、民間の手で先駆的に進められてきた更生保護事業[64]も、1939（昭和
14）年、司法保護事業法の制定により、現在の保護司の源流となる司法
保護委員制度が生まれています。これらの活動は「行政委嘱（型）ボラ
ンティア」と呼ばれるもので、現在も幅広い分野で多くの人々が活動を
進めています。

64 1880（明治13）年、金
原明善が刑余者の保護を
行う静岡勧善会を発足さ
せ、1888（明治21）年に
は川村矯一郎らも加わっ
て静岡県出獄人保護会社
を設立するなどの取り組
みがあった。

　なお、1939（昭和14）年に京都で日本基督教青年会医科連盟が結成さ
れ、日中戦争で生まれた難民を支援するため、中国大陸での診療活動を
始めました。民間海外協力活動の先駆的取り組みです。

　一方、大正期以降、企業による社会貢献活動も活発になり、財閥や企
業経営者による助成財団が盛んに創設されるようになりました[65]。すでに
明治後期には、日本資本主義の父といわれる渋沢栄一（1840～1931（昭
和6）年）が、500を超える企業の創設にかかわるかたわら、中央慈善

63　この規定は民法施行から110年後の2008（平成20）年11月末に廃止され、新しい非営利
　　法人制度が始まった。
65　森村豊明会（1914（大正3）年）、原田積善会（1920（大正9）年）、斎藤報恩会
　　（1923（大正12）年）、服部報公会（1930（昭和5）年）、三井報恩会（1934（昭和9）
　　年）などが、次々と生まれている。

協会初代会長、日本最初の知的障害児者施設・滝乃川学園の初代理事長を務めるなど熱心に社会活動に取り組んでいます。社会貢献活動に熱心な実業家としては、倉敷紡績などの社長を務めながら数々の社会活動に取り組んだ大原孫三郎（1880（明治13）～1943（昭和18）年）も著名です。日本最初の児童福祉施設・岡山孤児院の支援をはじめ、社会問題の研究機関・大原社会問題研究所（1919（大正8）年創設）、現在も倉敷に残る大原美術館（1930（昭和5）年開館）など多くの事業に取り組みました。

またこの時代、社会起業家の先駆けともいえる賀川豊彦（1888（明治21）～1960（昭和35）年）も、1921（大正10）年に日本初の生活協同組合（神戸購買組合。現在のコープこうべ）を創設するなど、幅広い分野で活躍しました。

２．戦後日本でのボランティア活動の展開

（1）1945～1950年代

戦後の復興期は、現代に通じるボランティア活動の萌芽期となりました。敗戦直後、戦災孤児らの非行防止に取り組むBBS（Big Brothers and Sisters）運動の前身、京都少年保護学生連盟が結成され（1947（昭和22）年）、子ども会リーダーなどの活動を行うVYS（Voluntary Youth Social worker）運動が愛媛で始まり（1952（昭和27）年）、また共同募金の開始（1947（昭和22）年[66]）、赤十字奉仕団（1948（昭和23）年）の発足などもありました。さらに戦争引揚者援護のため1947（昭和22）年に博友会が東京で発足。後に富士福祉事業団と改称し、戦後のボランティア活動をリードすることになります。

一方、特に社会福祉分野では、**ボランタリズム**[67]を弱めることにつながる動きもありました。これは、占領軍によって示された「公私分離の原則」[68]に基づき、日本国憲法第89条で、宗教団体とともに"公の支配に属さない"＝ボランタリーに活動する民間社会福祉団体や教育団体への公金支出が禁じられたことに端を発します。占領軍がこの原則を示したのは、戦時下にボランタリーな宗教、教育、福祉活動などを"官民一体"の体制下で管理し戦争遂行に利用した点をふまえた措置として制定され

[67] ボランタリズムには2つの英語があり、voluntarismは人間のもつ理性や知識よりも自発的な自由意思や自由な精神を重んずる立場を示し「主意主義」と訳される。"y"が加わるvoluntaryismはキリスト教会がもつ独自の信仰や教義が国家（権力）から干渉されたり統制されたりしない立場を示す。

[68] 1946（昭和21）年に占領軍が発表した「社会救済に関する覚書」の4原則のうちの1つ。

---

[66] 日本で最初の共同募金は1921（大正10）年、長崎県で独自に実施されたが、1年で終了した。

たもので、民間活動の財政的自立を促すものでした。

　しかし、敗戦後の経済状況の悪化も加わり、公的補助を失った民間福祉団体は深刻な財政危機に陥りました。そこで、1951（昭和26）年に制定された社会福祉事業法のなかに社会福祉法人の規定を設け、設立や定款変更などの規制条項を盛り込むことで、社会福祉法人を"公の支配に属する"ものとし、公金支出の道を開きました。

　本来、ボランタリズムは、国や制度、慣習を超えて自発的に行動する自由な精神を表す言葉で、ボランティア活動の母なる精神といえますが、前述のような経緯の結果、措置費などの方式で多くの民間社会福祉団体で財政の安定化が図られる一方、政府から強い指導・監督を受けることになり、ボランタリズムの低下をもたらすことになりました。そのうえ、民間社会福祉事業も実質的に国が運営に責任をもつ体制が整えられたことに加え、憲法第25条で社会福祉、社会保障などに対する国の責任が明記されたことにより、社会問題解決の責任はすべて国にあるという捉え方が広がりました。この結果、「ボランティア活動をしても、公務員が楽をするだけ」「同情や自己満足によって、社会制度の整備が遅れてしまう」といった見方さえされるようになり、長い間ボランティア活動の推進を阻害することになりました。

　ところで、日本と海外の都市の最初の姉妹提携は1955（昭和30）年であり、また日本で最初に外国人のホームステイが実施されたのは第二次世界大戦直前の1940（昭和15）年でしたが、戦後、1956（昭和31）年に再開して以降、徐々に活発になっていきました。幅広い市民が参画して展開される国際交流活動は、この頃から始まっています。

（2）1960年代

　このようななかで、1962（昭和37）年には徳島県社会福祉協議会が金品の寄贈希望者と要支援者を結ぶ「善意銀行」を設立しました。この動きは徐々に全国に広がり、その多くは後に社会福祉協議会[69]ボランティアセンターへと発展しました。

　1965（昭和40）年に「大阪ボランティア協会」が発足し、ボランティア講座が開催されました。1968（昭和43）年には富士福祉事業団も東京で「富士ボランティアビューロー」を設立し、東西で民間性の強いボランティア活動推進団体が生まれ、以後、各地に社会福祉協議会とは別に民間のボランティア活動推進団体が設立されていきました。また、1967

[69] 社会福祉法（2000（平成12）年施行）の第109条〜111条において、社会福祉に関する事業・活動を行うことにより「地域福祉の推進を図ることを目的とする団体」と規定されている社会福祉法人のこと。社会福祉事業法（2000（平成12）年に社会福祉法に題名変更）に基づき、1951（昭和26）年に中央社会福祉協議会（現在の全国社会福祉協議会）および都道府県社会福祉協議会が設立された。その後順次、市区町村に社会福祉協議会が設立された。

（昭和42）年には「日本青年奉仕協会[70]」が発足しました。2009（平成21）年に解散するまで、全国ボランティア研究集会や雑誌『グラスルーツ』、「１年間ボランティア」などの事業を通じて、全国のボランティア活動関係者をつなぐうえで大きな役割を果たしました。

なお、日本基督教青年会医科連盟から発展した日本キリスト教医科連盟を母体に、1960（昭和35）年に「日本キリスト教海外医療協力会」が生まれ、また1965（昭和40）年には政府の事業として青年海外協力隊も発足しました。

政治的課題に大きなインパクトを与える市民活動が生まれたのもこの頃です。1965（昭和40）年には、この年に始まった北爆に反対して「ベトナムに平和を！市民連合」（ベ平連）が結成されました[71]。政党などから独立し、反戦に特化して幅広い賛同者を集め、中央組織など組織内の階層構造も作らず、評論するだけで行動しない高みの見物的なかかわりを批判し、逆に言い出しっぺが前に立って行動を進めようといった活動スタイルは、その後の市民活動に大きな影響を与えました。

また1960年代後半には四大公害裁判[72]が始まり、1969（昭和44）年に公害被害者全国大会が開かれるなど、公害被害者の救済に向けた運動が高揚。当事者と共鳴する市民が、原因企業および政府に対して厳しい批判を展開しました。

一方、1968（昭和43）～1969（昭和44）年を中心に全国の多くの大学で学生運動[73]が広がりました。欧米諸国でも同様の運動がほぼ同時期に起こりましたが、こうした運動もボランティアによる社会活動の１つの形だといえます。

（3）1970年代

1970年代に入ると、前述の運動とも連動しつつ現状の改革を求める運動が広がり、ボランティアの取り組みにも大きなインパクトを与えました。

その１つに障害者の自立生活運動[74]があります。この動きは、当事者からボランティアへの鋭い問いかけを含むもので、善意ではあっても社会性や人権意識に乏しいボランティア活動を強く批判[75]するものとなりました。その問題提起は、従来の慈善的な活動のあり方を問い直し、同じ時代に生きる市民として、自らも問題の間接的当事者の立場にあること[76]を自覚させるものでもありました。この時期、ボランティア活動の進め方

[70] 英語名の Japan Youth Volunteers Association の頭文字から JYVA と略称された。

[71] 1965年2月に始まった北ベトナムに対する米軍の大規模な空爆のこと。

[72] イタイイタイ病、水俣病、第二水俣病（新潟水俣病）、四日市ぜんそくを「四大公害病」という。

[73] 学生によって組織的に展開される政治的・社会的・啓発的な性格をもつ運動のこと。学生による自治や大学における学問の自由・研究の自由を基盤として、社会体制の矛盾や社会問題、政治問題に対する問題提起から、体制や権力に対する政治運動や社会運動を総称して呼ばれる。

[74] アメリカ・バークレーで世界最初の自立生活センターが1972年に開設。日本でも「車いす市民全国集会」が1973（昭和48）年に開かれるなど、早い時点から思想的な影響を受けた。施設を出て下宿をし、ボランティアの支援で自立生活を進める障害者が各地に生まれ、1991（平成3）年に立川市で自立生活センターが設立されるなど、自立生活推進の拠点も各地に生まれている。

として「**ために（for）ではなく、ともに（with）**」という表現がよく使われるようになりましたが、それはこうしたボランティア観の変化を反映したものでした。

　一方、ボランティア活動不要論的な発想からの転換が始まるのは、敗戦から4半世紀ほどすぎた1970（昭和45）年前後に、コミュニティに対する関心が高まってからでした。1969（昭和44）年に国民生活審議会が「コミュニティ―生活の場における人間性の回復―」を、1971（昭和46）年に中央社会福祉審議会が「コミュニティ形成と社会福祉」を答申しました。イギリスで始まったコミュニティケアの考え方から、地域住民によるボランティア活動の重要性が認識されるようになり、ボランティアの育成・振興策が積極的に展開されるようになったのです。

　実際、厚生省は1973（昭和48）年に都道府県・指定都市の社会福祉協議会の「善意銀行」に、1975（昭和50）年には市町村社会福祉協議会の「奉仕活動センター」（現在の「ボランティアセンター」）にも国庫補助を開始しました。文部省も1971（昭和46）年に「婦人奉仕活動促進方策」の研究委嘱を始めた後、1977（昭和52）年には「婦人ボランティア活動促進事業」などさまざまな育成策が展開されるようになりました。

　さらに、この時期には後のボランティア活動に大きな影響を与える事件が起こりました。1976（昭和51）年、三重県津市のある子ども会主催のハイキング中に子どもが溺死しました。警察が引率者らを書類送検し、翌年、引率者1人が起訴されるとともに、1978（昭和53）年、両親から子ども会役員や三重県、津市を相手取って総額5000万円の損害賠償訴訟が起こされたのです。刑事事件としては1979（昭和54）年の津簡易裁判所で罰金5万円の有罪判決が出た後、1984（昭和59）年の名古屋高等裁判所で無罪が確定する一方、民事事件としては1983（昭和58）年、津地方裁判所で引率役員3人に526万円の損害賠償を命ずる判決が出て確定しました。この事件を機に、1977（昭和52）年にボランティアに原

75　ボランティアを直接批判するものではないが、横塚晃一『母よ！殺すな』すずさわ書店、1975年では親による障害者殺しとその減刑嘆願運動が厳しく批判された。また、「おおさか行動する障害者応援センター」の機関誌『すたこらさん』1986年10月号に掲載された「ボランティア拒否宣言」（花田えくぼ）は、「ボランティアの犬たち」といった表現で自己満足的なボランティアのかかわりを詩という形で告発した。

76　間接的当事者性とは、同じ時代に生きながら自身が問題解決に貢献できていない場合にボランティアにも「加害者性」があり、一方、いつ同じ立場に立つか分からないという点で「被害者性」も併せもっていることを指す。いずれにしても、第三者の立場にあるわけではないという意味である。

因のある事故に対する損害賠償責任保険とボランティアの傷害保険を
セットにした「ボランティア活動保険」が生まれました。

　なお、1970（昭和45）年に「日本国際交流センター」、1972（昭和47）
年に「ヘルプ・バングラデシュ・コミティ」（1983（昭和58）年に
「シャプラニール＝市民による海外協力の会」に改称）、1974（昭和49）
年に「日本病院ボランティア協会」（発足当初は、「病院ボランティア連
絡会」）と、新たな団体が発足しました。また、企業広告関係者らで
1971（昭和46）年に「関西公共広告機構」（1974（昭和49）年に「公共
広告機構」に改称）が発足し、1974（昭和49）年には日本で初めてプロ
グラムオフィサー⁷⁷を置いた助成財団「トヨタ財団」も設立されました。

　ところで1976（昭和51）年には、大阪ボランティア協会が「ボラン
ティアコーディネーター講座」を開催しています。ボランティアコー
ディネーションに関するこの頃の動きは第2章で解説します。

　さらに1977（昭和52）年には、民間を巻き込んだ国際交流の活性化を
目的に神奈川県が神奈川県国際交流協会を設立。自治体設立の国際交流
協会の第一号が誕生しました。現在、その数は全国で約800か所にの
ぼっており、ボランティアによる日本語教室、通訳ボランティアの紹介
やホームステイボランティアの仲介などを行っています。

（4）1980年代

　1980年代に入ると、社会福祉分野では「施設福祉」中心の政策から
「在宅福祉」への転換が図られ、これに伴い「在宅ボランティア」の必
要性が強調されるようになりました。それは高齢化と核家族化の進展で
一人暮らし老人のケアなどが大きな社会問題となってきたなかで、ノー
マライゼーションの考え方を反映したものでした。ただし、ボランティ
アへの期待が高まった背景には、福祉施策の方針転換の影響に加えて、
政府が「福祉元年」を宣言した1973（昭和48）年の10月に起こった石油
ショックで高度経済成長が終焉し、国家財政が悪化したこともありまし
た。つまり、政府によるマンパワー確保政策の一環としてボランティア
への期待が高まった面もあります。こうした政策転換にあたっては、
1979（昭和54）年に発表された「新経済社会7か年計画」で「日本型福
祉社会」という用語が用いられ、個人の自助努力と家庭や地域社会での
助け合いを強調する形が示されました。

　1980年代には政府のボランティア振興策がさらに活発化しますが、そ

77 助成財団や研究機関な
どで、助成や研究プログ
ラムの企画立案、運営管
理を行う専門職のこと。

78 ボランティアとユート
ピアを組み合わせた造語
である。1989（平成元）
年度よりフォローアップ
事業として「がんばっト
ピア事業」も開始され、
1994（平成6）年度から
「市町村ボランティアセ
ンター事業」に発展し
た。

の1つが厚生省によって1985（昭和60）年から実施された「福祉ボラン
ティアのまちづくり事業（ボラントピア事業）[78]」でした。これは、それ
まで1か所あたり45万円だった社会福祉協議会ボランティアセンターへ
の補助金を一挙に増額し、市域では年600万円を2年間補助するもので
した。順次、補助先が拡大するなかで全国の社会福祉協議会でボラン
ティアセンターの整備が進み、それとともに「ボランティアコーディ
ネーター」という職名をもつ職員も急増しました（第2章で解説）。

　一方、1984（昭和59）年に環境庁が「環境ボランティア構想」を発表
し、1988（昭和63）年には建設省が河川愛護活動に取り組む市民団体を
支援する「ラブリバー制度」を創設するなど、この頃からは厚生省や文
部省だけでなく、多くの省庁がボランティア活動の推進に着手し始め、
「ボランティア推進は国策[79]」ともいえる状況になってきました。

　なお、この時期にはカンボジア難民の急増に呼応して「日本国際ボラ
ンティアセンター」が1980（昭和55）年にタイで発足する一方、同じ年
に国内では市民の立場から行政や企業を監視する「市民オンブズマン」
が大阪で生まれ、以後、全国に広がっていきました。また、社会福祉協
議会とは別に、独立系でボランティア活動推進に取り組む団体が全国
ネットワーク「全国民間ボランティア活動推進関係者懇談会」を1983
（昭和58）年から開催（後継の「ボランタリズム推進団体会議」には社
協関係者なども参加している）。1985（昭和60）年には大阪でセルフヘ
ルプ活動（当事者・本人の会活動）の支援センター準備会が、1987（昭
和62）年には「NGO活動推進センター」（JANIC、現在の「国際協力
NGOセンター」）が、それぞれ発足しています。

　また1985（昭和60）年には、日本で最初にスポーツ大会時にボラン
ティアを公募した「ユニバーシアード神戸大会」が開かれ、約4万2000
人ものボランティアが大会を支えました。

（5）1990年代

　1989（平成元）年12月、地中海のマルタ島でソ連のゴルバチョフとア

79　事実、阪神・淡路大震災の後、「ボランティア問題に関する関係省庁連絡会議」が設置
　　されたが、この会議に参加したのは、総理府、警察庁、総務庁、経済企画庁、環境庁、
　　国土庁、法務省、外務省、大蔵省、文部省、厚生省、農林水産省、通商産業省、運輸省、
　　郵政省、労働省、建設省、自治省の18省庁で、参加しなかったのは防衛庁や科学技術庁
　　などわずかな省庁だけだった。

メリカのブッシュ両大統領が会談しました（マルタ会談）。戦後、長く続いた冷戦がついに終結しましたが、このことはボランティア活動にも大きな影響を与えました。それまで、社会問題の解決に尽力しながらも、「なぜこんなに苦労しなければならないのか」と考えることもあり、その際、問題の根源に資本主義体制があるといった発想も有力で、活動のあり方を考えるには社会体制をどう評価するのかという議論につながりやすい状況にありました。しかし冷戦終結後は、こうした社会体制にかかわる議論を超えて実務的な話ができるようになりました。

1990（平成２）年、経常利益の１％以上を社会貢献活動に充てる「経団連１％（ワンパーセント）クラブ」（現在は「１％クラブ」）やボランティア活動参加のための特別有給休暇制度（ボランティア休暇）の導入などの形で、日本企業に「フィランソロピー（社会貢献）ブーム」が広がり、企業とのパートナーシップ構築を始める市民活動団体が出てきたのも、冷戦終結という環境の変化が影響していました。この企業の社会貢献活動の広がりによって、企業と市民活動団体の連携や企業人のボランティア活動への参加が大きく進むことになりました。

企業ベースでの従業員のボランティア支援活動は、松下電器産業労働組合による「松下ボランティアクラブ」の設立（1977（昭和52）年）や、大阪ガスの「小さな灯」運動の展開（1981（昭和56）年）が起点ですが、1990（平成２）年に富士ゼロックスが「ソーシャル・サービス・リーブ」の名称で日本で最初のボランティア休暇制度を始め、また1993（平成５）年にトヨタ自動車が「トヨタボランティアセンター」を開設するなどボランティアコーディネーターを配置する企業も出てきました。

この社会貢献ブームもあり、郵政省も郵便局を窓口に1991（平成３）年に「国際ボランティア貯金」を始めました。これは貯金に加入するとその貯金利息から、加入者の希望で２割から10割を天引きし、国際協力に取り組む市民活動団体に助成する仕組みです。普通の郵便貯金とは別にもう１口座を開設できたこともあり、2007（平成19）年の郵政民営化に伴って廃止されるまでには2700万口もの加入者を得ていました。

80 売り上げから本業にかかるコストを差し引いた「営業利益」に、財務活動など本業以外に企業が普段行っている活動の損益を加減した額のこと。財務力を含めた企業のトータルな実力が示される。

81 企業の社会貢献元年（フィランソロピー元年）といわれた1990（平成２）年に富士ゼロックスが「ソーシャル・サービス・リーブ」として開始した休暇制度が「ボランティア休暇」「社会貢献活動休暇」などの名称で、主に大企業を中心に普及した。1997（平成９）年には国家公務員にも導入されるようになり、その後、地方自治体でも導入が広がった。単発的に取得する場合を「ボランティア休暇」と呼ぶのに対し、一定期間連続して休暇を取得する場合は「ボランティア休職」と呼ぶ場合が多い。

82　この貯金システムは cause related marketing（商品に社会的価値を組み合わせた販売方法）の一形態として日本で最初に成功した事例とされる。実際、郵便局は解約率の少ない多額の貯金を、比較的、わずかな経費（低い利息）で得ることになった。なお、ゆうちょ銀行は2009（平成21）年に新たに「ゆうちょボランティア貯金」を創設した。

83 正式には「生涯学習の振興のための施策の推進体制等の整備に関する法律」という。

84 2001（平成13）年の中央省庁再編で現在は中央教育審議会生涯学習分科会に再編された。

企業の取り組みが活発化するなかで、1990（平成２）年に「生涯学習振興法[83]」が制定され、法に基づいて設置された生涯学習審議会は1992（平成４）年、答申「今後の社会の動向に対応した生涯学習の振興方策について[84]」を発表しました。このなかで、生涯学習分野でのボランティア活動推進の意味と具体的な推進策がまとめられ、以後、各地に生涯学習ボランティアセンターが開設されるなど、この分野でもボランティア活動の推進が図られることになりました。

一方、1992（平成４）年に金子郁容の『ボランティア——もうひとつの情報社会』（岩波書店）が発行されました。そこでは「善意」などの用語を使わず「発見」の機会と捉える視点などが新鮮で、各界に大きな反響を呼びました。これを機に雑誌メディアなどがボランティア活動をこぞって特集し、1994（平成６）年４月からNHK教育テレビで「週刊ボランティア」の放映につながりました。また同年６月には活動推進機関などの関係者で構成する「広がれボランティアの輪連絡会議」が発足し、同年10月には大阪で第１回「全国ボランティアコーディネーター研究集会」（JVCC）が開催されました。

そんななかで起こったのが、1995（平成７）年１月17日の阪神・淡路大震災でした。甚大な被害をこうむった被災者を支援するため、延べ200万人を超えるボランティア[85]が連日被災地に向かいました。その際、大阪ボランティア協会は大阪YMCAや経団連１％クラブなどと連携し、「阪神・淡路大震災被災地の人々を応援する市民の会」を結成しました。一般市民に広く参加を呼びかけて、被災した人々の復興を応援する災害ボランティアセンターとしての取り組みを始めました[86]。

大学などにボランティアセンターが広がったのも、この震災以降でした。震災以前にも高等教育機関では、東京にある上智社会福祉専門学校が1981（昭和56）年に「ボランティア・ビューロー」を開設し、日本福祉教育専門学校も1989（平成元）年に「ボランティアコーナー」を開設しました。淑徳短期大学が1993（平成５）年に「ボランティア情報室」を開設するなどの先行事例がありますが、震災時に関西学院大学や神戸

85　兵庫県県民生活部生活文化局による「一般ボランティア活動者数推計」では2000（平成12）年３月末までに、延べ216万6000人が活動したとしている。

86　阪神・淡路大震災被災地の人々を応援する市民の会『震災ボランティア——「阪神・淡路大震災被災地の人々を応援する市民の会」全記録』1996年で、詳しい報告がまとめられている。

大学で学生が主体となったボランティアセンターが生まれて以降、全国の多くの大学などの高等教育機関でボランティアセンターの整備が進みました。

そして、「ボランティア元年」とも呼ばれた阪神・淡路大震災でのボランティアと市民団体の活躍を受け、市民活動団体の法人格取得規制を緩和する市民活動促進法制定に向けた運動が本格化しました。国会議員と市民活動団体が連携して法案を練る議員立法として、紆余曲折の後、1998（平成10）年、特定非営利活動促進法（NPO法）が成立しました。以後、NPO（民間非営利組織）が大きく注目されるようになってきました。

こうしたなか、1999（平成11）年には横浜市が「横浜市における市民活動との協働に関する基本指針」（横浜コード）を発表しました。以後、市民活動と行政の「協働」が全国の自治体で叫ばれるようになる先駆けとなりました。

1996（平成8）年、環境庁と国連大学が共同で東京に「地球環境パートナーシッププラザ」（GEOC）を開設しました。運営の中核は環境活動に取り組む市民活動関係者が担い、セクターを越えた情報の共有と人材の交流を進めるとともに、国の政策決定過程への市民参画、1997（平成9）年に京都で開かれた国連気候変動枠組み条約第3回締約国会議（COP3）などの環境に関する国際的な動きを国内の市民活動と連動させる事業などを開始しました。

なお1995（平成7）年に「日本福祉教育・ボランティア学習学会」、1998（平成10）年に「日本ボランティア学会」「国際ボランティア学会」「日本ボランティア学習協会」、1999（平成11）年に「日本NPO学会」がそれぞれ創設されるなど、ボランティア活動や市民活動に関する学会や研究組織が相次いで創設されました。

（6）2000年代

1993（平成5）年に「国連ボランティア」としてカンボジアでの選挙監視に赴いた日本の青年が殺害される事件が起こったことや、阪神・淡路大震災でのボランティアの活躍を受け、日本政府の主導で2001（平成13）年は「ボランティア国際年」と決定されました。そして、この年の1月、日本ボランティアコーディネーター協会（JVCA）が発足しました（第2章で詳しく解説）。

一方、2000（平成12）年、内閣総理大臣の私的諮問機関として「教育

改革国民会議」が設置され、「奉仕活動の義務化」が提案されたことは、大きな反響を呼びました。これを受けた学校教育法、社会教育法の改正（2001（平成13）年）で「ボランティア活動など社会奉仕体験活動の推進」が教育機関の責務となり、2002（平成14）年から全国各地の教育委員会や社会福祉協議会、ボランティア協会などに「体験活動ボランティア活動支援センター」などの名称の相談窓口が設けられることになりました。第1節で整理したように、ボランティア活動と奉仕活動は本人の意識次第で違いが出にくくなる場合もある一方、対極的な活動となる場合もあるため、安直に両者を併記することで、ボランティア活動の特性を間違って理解されるおそれもあります。その意味でもボランティア活動の捉え方は極めて重要です。

　また、2000（平成12）年に日本初のクリック募金サイト「クリックで救える命がある dff.com」（現在の「スマートな募金 スマボ」）が開設されました。翌2001（平成13）年には、寄付収入比率の多い特定非営利活動法人を認定特定非営利活動法人（認定NPO法人）と認定し、寄付金に対する税制上の優遇を与える「認定NPO法人制度」も始まりました。市民活動推進上の大きな課題である活動資金確保を促す制度が整備され始めましたが、認定基準が厳しすぎて、制度開始から10年を経ても200法人強しか認定されない状況でした。

　こうしたなか、2009（平成21）年に日本ファンドレイジング協会が発足。寄付の活発化に向けた取り組みを総合的に展開し始めました。[87]また、同じ年に市民立のコミュニティ財団「京都地域創造基金」が創設され、地域レベルでの寄付推進体制が整備され始めました。

　なお、国際標準化機構（ISO）が社会的責任に関する国際規格の創設を決めた[88]ことをきっかけに、2003（平成15）年に企業の社会的責任（CSR）への関心が急速に高まって「CSRブーム」が起こり、企業の社会活動が再び活発化しました。[89]この展開において、多様な利害関係者（ステークホルダー）が対等に協議し、合意した目標実現のため、それぞれに役割を果たすことで課題を解決する「マルチステークホルダー・プロセス」が取り入れられたことを受け、2009（平成21）年、「社会的責任に関する円卓会議」も創設されました。

[89] Corporate Social Responsibility の略称である。なお2011年にマイケル・ポーターらは企業が自社の強みを活かして社会的課題の解決に貢献するCSV（Creating Shared Value の略称。「共通価値の創造」と訳される場合が多い）を提唱している。こうした動きによりNPOと企業が連携した取り組みも活発化している。

[87] 2010（平成22）年から『寄付白書』を発行しているが、このなかにはボランティアの統計も掲載されている。

[88] 2010（平成22）年にISO26000（社会的責任に関するガイダンス規格）として発行した。

一方、2004（平成16）年に起こった新潟県中越地震での経験をふまえ、2005（平成17）年に「災害ボランティア活動支援プロジェクト会議」（支援Ｐ）が発足しました。平常時には災害支援にかかわる調査・研究、人材育成などを行うとともに、災害時には多様な組織、関係者などが協働して被災者支援にあたる仕組みが創設されました。

また、1898（明治31）年以来110年間続いてきた許可制の公益法人制度を廃止する公益法人制度改革が2008（平成20）年から始まり、特定非営利活動法人よりも簡便に法人を創設できる一般社団法人・一般財団法人制度が創設されるとともに、旧来の公益法人は5年以内に公益社団法人か公益財団法人または一般法人に移行することになりました。

（7）2010～2020年代

2009（平成21）年、民主党への政権交代後の所信表明演説で、鳩山首相が「新しい公共」の表現を用い、翌年には「新しい公共」円卓会議が設置されるとともに担当大臣が任命され、同年6月に「新しい公共」宣言がまとめられました。[90] これを受けて2011（平成23）年度から2年度分として総額87億5000万円が全国の都道府県に配分され、地域の市民活動の活性化などを進める「新しい公共支援事業」が開始されました。

しかし、この事業が始まる直前の2011（平成23）年3月11日、東日本大震災が発生。東京電力福島第一原発の大事故も発生する未曾有の大災害になりました。震災発生の翌日には電車で被災地東部に入ることのできた阪神・淡路大震災と異なり、東日本大震災では道路、鉄道、空路が寸断され、ガソリン不足も起こったうえに、原発事故の実態が分からず活動を進めにくい状況でした。このため被災地に多くのボランティアが出向けるようになるまでには時間を要しましたが、震災発生を機に被災者を支援するため多くの市民団体も生まれ、少なくとも2300団体を超える市民団体・NPOが活動し、[91] 膨大な数のボランティアが被災者や避難者の支援にあたりました。また、災害時には被災者への義援金が寄せられますが、東日本大震災では被災者を支援する市民団体に向けた活動支援金が注目され、活動支援金を仲介する団体も数多く生まれました。

一方、東日本大震災の復興に取り組む市民の活動を後押しするねらいもあり、2011（平成23）年の国会で、認定NPO法人の認定要件が大幅

90 人的資源といった視点で評価されがちだった市民活動を、新たな社会を生み出す主体と捉え、社会問題の当事者として意識をもった市民が、企業や政府とともに「すべての人に居場所と出番があり、みなが人に役立つことの喜びを大切にする社会」を築くことを目標としている。

91 中央共同募金会が設定した「災害ボランティアNPOサポート募金」の助成応募団体だけで、約2300団体に達している。

に緩和され、寄付に対する税制優遇も充実するなどの処置を盛り込んだ
NPO法の改正がなされ、2012（平成24）年度から導入されました。この改正により、認定NPO法人の数は急増し、制度改正から11年後の2023（令和５）年12月末で、特例認定を含む認定NPO法人の数は制度改正時の244法人から1283法人にまで増えています。

　一方、2005（平成17）年頃にピークを迎えた平成の大合併による自治体数の減少の影響で社会福祉協議会ボランティアセンターの減少が始まり、センターに配置されていたボランティアコーディネーター数も減少し始めています。しかも、担当職員が１人のみのセンターが33％、２人が27％と少人数となっており、かつ専任職員がいない社協が75％もあり、他の業務と兼務する場合が増えています。[92]

　このようななか、2020（令和２）年から新型コロナウイルス感染症の影響でボランティアの活動が大きく制約を受けました。実際、2022（令和４）年８月末に公表された社会生活基本調査では、2021（令和３）年のボランティア行動者率が、過去最低の17.8％と、前回2016（平成28）年の調査より8.2ポイントも減少しました。この状況はコロナ禍で活動が抑制された一時的なものだと思いたいものの、活動休止中に解散した市民団体も一定数あります。今後、再度の活動活性化が必要です。

＊

　格差社会[93]、ワーキングプア[94]、ヤングケアラー[95]など現代社会の深刻な問題を反映する言葉が次々と生まれる事態が続いています。しかし、これらの深刻な問題に取り組む団体が次々と生まれているのもまた事実であり、市民活動の幅や広がり、質の高い活動の厚みはNPO法ができた当時よりも確実に増しています。社会に困難な事態が生ずるなか、その解決を図ろうとするボランタリズムが沸き起こってくる。そのようなダイナミズムが、これからも続くことになるでしょう。

[93]　「一億総中流」といわれた中間所得層の厚い社会構成が崩れ、所得や教育機会、労働条件などさまざまな面において格差が広がり二極化が進んだといわれる。市場原理を重視し、改革・規制緩和を進めた新自由主義政策の負の側面との指摘もある。

[94]　働いているにもかかわらず、生活保護水準以下の暮らししかできない「働く貧困層」のこと。総務省統計局の調査では、非正規雇用で働く人は、2023（令和５）年平均で37.0％に達している。

[92]　全国社会福祉協議会 全国ボランティア・市民活動振興センター「市区町村社会福祉協議会ボランティア・市民活動センター強化方策2023〜社協 VC５つの役割と25の視点〜」2023年から引用している。

[95]　本来大人が担うと想定されている家事や家族の世話などを日常的に行っている子どものこと。厚生労働省の調査では、世話をしている家族が「いる」と回答したのは小学６年生で6.5％、中学２年生で5.7％、高校２年生で4.1％、大学３年生で6.2％だった。回答した中学２年生の17人に１人が世話をしている家族が「いる」と回答したことになる。

　ここまで主にボランティア活動について解説してきましたが、NPOや市民活動という言葉も、特に解説をせずに使ってきました。そこで、NPOなどとの関係について整理しておきましょう。

1. ボランティアグループもNPO

　前述のボランティア活動の歴史でふれた、NPOとボランティアの関係について整理しておきましょう。

　第1節の2で「無償性」について整理した際、「すべて手弁当」というスタイルから「交通費などの実費支給を受ける」「低額な報酬」……と、わずかな差異でつながっている点を指摘しました。そこで、それらを細かく分けず、さまざまな活動を包括して捉えるのが「**非営利活動**」という概念です。そして、その活動を進める組織が民間非営利組織（NPO）です。

　無償のボランティアグループも有給スタッフが活動を進める団体も、利益を得るための活動ではない（not-for-profit）点で共通の特性をもつ存在です。つまり両者はともに同じNPOなのです。「**NPO**」という、より大きな概念を得ることにより、両者は同じ範疇のなかでの活動スタイルの違いと考えることができるようになります。ある範疇の内か外かという捉え方では、「含まれない」とされた側に疎外感が生じてしまいます。しかし、同じ範疇のなかでのスタイルの違いとして議論できるなら、そのような疎外感は生じません。そこで、NPOというより広い概念を使うことで、有償か無償かという対立を乗り越えることができる状況が整ってきたといえます。

　なお両者をともに包み込む概念としては、最近、「**市民活動**」という言葉もよく使われるようになっています。NPOは、後述するようにさまざまな非営利団体全体を包含することもある概念ですが、ボランティア活動のように市民が自由に参加して展開される活動で、かつ無償で取り組む活動も有償での活動も含む概念として、この市民活動という言葉も包括的に使えます。

　この概念の普及により活動スタイルの幅が広がるとともに、専従者を

確保し活動を日常的に展開し専門性を蓄積することで、より安定性と専門性をもった市民活動団体が生まれやすくなってきました。組織体制を整えることで、社会活動を展開する有力な主体として、その存在が認知されるようになってきたわけです。

　そのNPOですが、この言葉はnon-profit organizationというアメリカ英語に由来します。「non＝非」＋「profit＝利益」＋「organization＝組織」ですから、そのまま受け止めれば「非・利益・組織」となります。まるで利益の出ない赤字企業のようです。

　このあいまいさを嫌い、アメリカには別の言葉も存在します。NPOの反意語はPOではなくFPO（for-profit organization）です。利益をめざす組織、つまり営利企業です。NPOはこの反意語なので、not-for-profit organizationとなります。営利を目的としない組織というわけです。

　ここで、その意味をより明確化するために、英語の構文、not A, but B（AではなくBだ）をこの言葉に当てはめると、NPOとは、not-for-profit, but-for-mission organizationといえます。つまり、「利益拡大のためではなく（非営利）、社会的使命（mission）実現のために活動する組織」、それがNPOだということになります。

　「NPO」という、より大きな概念を得ることにより、それまでの「ボランティア活動」の範疇に含まれるかどうかという議論を超え、NPOという同じ範疇のなかでの活動スタイルの違いだけで議論ができるようになりました。

　ところで、このNPOという言葉が包含する存在は非常に広いものです。ボランティアグループはもとより、公益法人、社会福祉法人、私立学校（学校法人）、私立病院、自治会や子ども会、有償活動に取り組む市民団体、政党、宗教団体……。最広義には共益団体である労働組合や

99 日本の医療法では、医療法人は営利を目的としてはならないとされている。なお、アメリカには株式会社形態の私立病院も存在する。

---

96 「市民運動」という言葉が古くから使われていたのに対し、「市民活動」は1990年代から徐々に使われ始めた言葉である。特に1997（平成9）年に市民活動促進法案（後に特定非営利活動促進法に修正された法案）が国会で審議された頃から広がり始めた。

97 イギリスでは一般にvoluntary organizationの語が使われる。

98 世界各国の非営利セクターを比較調査するため、1990年から始められた「ジョーンズホプキンス大学非営利セクター国際比較研究プロジェクト」では、NPOを①正式の組織（formal organization）であること、②非政府組織であること（non-governmental）、③利益を構成員で配分しないこと（non-profit distributing）、④自己統治（self-governing）がなされていること、⑤自発的であること（voluntary）の5つの要件を満たす団体を対象に、調査が実施された。

図1−4　多様なNPO概念の関係

生協、農協などの協同組合、同窓会や同好会も含まれるなど、実に多様な組織が存在しています。

　その関係を図1−4に示しました。図中で太い実線部分が一般的なNPOのイメージである市民活動団体となりますが、最狭義（NPO法人のみ）、広義（すべての公益団体）、最広義（共益団体も含むすべての非営利団体）など、多様なNPOのイメージが並立しています[100]。

　また、NPOと似た言葉に**NGO**（non-governmental organization）があります。この言葉は国連憲章に由来する言葉で、もともと国家間では解決しにくい難民問題などを扱う国連の経済社会理事会が協力関係をもつ非政府組織を指しました。国連発足以前から国際赤十字などのNGOの活躍があり[101]、その存在が国連発足時に認知されていたわけです。

　もっとも、非政府といっても営利を目的とする企業は含みませんから、実際上、NGOはNPOでもあることになります[102]。つまり、企業と

100　アメリカやイギリスなどでは、「最広義」と「広義」の2分類だが、日本では制度上、公益団体（広義のNPO）のなかに行政の外郭団体なども含まれてしまうため、行政から独立して市民が自主的に自由に活動している動きに注目して、市民活動団体を「狭義のNPO」として捉える場合がある。また、元来は財団法人や社団法人、社会福祉法人なども非営利法人だからNPO法人だともいえるが、特定非営利活動法人の略称としてNPO法人の呼称が普及し、さらにこれを略して単にNPOという場合もあるので「最狭義のNPO」という概念も設定した。

101　たとえばYMCAの創設は1844年、YWCAは1855年、赤十字国際委員会の母体となった国際負傷軍人救護常置委員会の創設は1863年、児童支援の国際組織セーブ・ザ・チルドレンの創設は1919年、飢餓問題などに取り組むオックスファムの創設は1942年、一方、国際連合の創設は1945年である。

102　NGOは海外で活動する団体であり、NPOは国内で活動する団体だという誤解もあるが、これは国連で活躍した団体が、当初は海外協力にかかわるものが多かったためだ。近年、国連が扱うテーマは環境や女性の人権、教育など多岐にわたっており、それに伴い、さまざまな分野で活動する団体が、国連にNGOとしてかかわっている。

の対比を強調する場合は NPO、行政との対比を強調する場合は NGO という形で使い分けられているといえます。

2.「非営利」の意味とボランティア参画による経営

ところで、「非営利」とは利益を得ることを目的とせずに使命実現を第一に考える営みですが、そのなかには「使命実現のために"利益を上げる"」取り組みも含みます。つまり NPO は収益活動もできますが、その利益は使命実現に向けた活動のために用いるものです。

企業は、たとえ赤字になっても、利益追求を"目的とする"組織だから営利組織です。NPO は、たとえ剰余金が発生しても全額を次年度以降の事業推進に活用して使命実現を志向する組織なので、非営利組織となります。

しかし、この for、つまり「○○のために」という志向は、実際上、組織リーダーの「心」の反映であり、「心」のなかをうかがい知ることは、そう容易なことではありません。

そこで「非営利組織」の定義を補強する（「心」を態度で示す）ものとして、まず 1 つには、利益が出ても、それを構成員で分配せず、全額を次年度以降の事業資金に活用する団体（非分配原則。経理面のチェック）との捉え方があります。実際 NPO では、株式会社のように株主への配当はありませんし、組織を解散する際に残った資産を構成員（つまり役員や職員、会員、その他の関係者）で分配することもできず、同様の目的に取り組む団体などに寄贈するか、寄贈先がない場合は自治体などが引き取ることになっています。

もう 1 つは、無給の役員が組織運営に参画する（組織面のチェック）という運営体制があります。ここで、ボランティアと NPO との間に重要な接点が生まれます。NPO とは、元来、「ボランティアが経営に参加する組織だ」ということです。

NPO 運営の中核には、本来、ボランティアがいます。「なんとかしたい」と NPO を作る人は、当初はボランティアだからです。そのボランティアが、同じボランティアとともにグループを作るとボランティアグループになるわけですが、メンバーが全員無給では余暇活動の域を超えることが難しくなります。そこで専従スタッフを雇い、安定的で専門性をもった活動をしようというグループも出てくるわけです。つまり

図1−5　ボランティアグループとNPOの関係

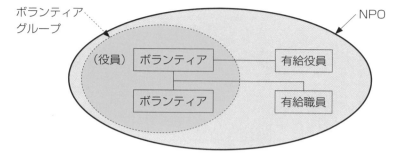

NPOとは、ボランティアと相反する存在ではありません。それどころか、ボランティアが経営し、あるいはボランティアが活動する場という点で、ボランティアと切っても切れない関係にある存在なのです。

　多くのNPOでは、理事などの役員のほとんどは無給のボランティアですし、NPO法では法人の「役員のうち報酬を受ける者の数が、役員総数の3分の1以下であること」という制限を設けています。これは、NPO法人が利益追求ばかりに走らず、本来の使命遂行を第一に活動する組織とするための規定です。

　また、NPO法人だけでなく社会福祉法人なども含めた多くのNPOでは、有給職員とともに多くのボランティアが事業推進に参加しています。NPOの掲げる使命に共感して、無報酬でも事業推進にかかわりたいという人がボランティアとして参加してくるのです。

　この「無給の役員」と「有給職員」と「ボランティア」の関係から考えると、無給の役員（つまりボランティアの役員）が無給のボランティアとともに組織を作る場合はボランティアグループですが、ここに有給の役員や有給職員が加わった組織の場合は、NPOと呼ばれることになると整理できます。

3. NPO法人におけるボランティアの位置

　後述のコラムで解説するように、特定非営利活動法人（NPO法人）は市民の参加を重視した法人格という性格があります。これはもともと、この法人制度が市民活動法人という法人名で構想されていたことに[103]

103　市民活動促進法案として1997（平成9）年6月に衆議院本会議で可決され参議院審議に送られたが、参議院の与党会派で「市民活動」の用語に対する反発があり、結局、特定非営利活動促進法として1998（平成10）年3月に両院で可決成立した。

図1-6　NPO法人数の推移

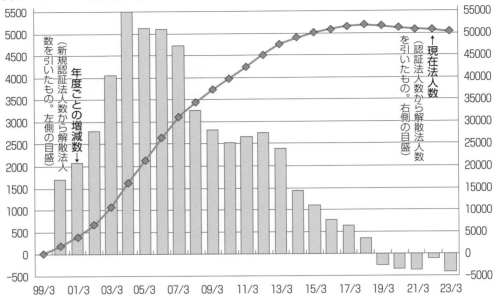

年度ごとの増減数（新規認証法人数から解散法人数を引いたもの。左側の目盛）

現在法人数（認証法人数から解散法人数を引いたもの。右側の目盛）

由来します。

　旧来の公益法人制度では非営利団体の法人格取得に多くのハードルがありましたが、NPO法の制定によって法人格取得の規制が大きく緩和され、図1-6の折れ線グラフが示すように法人数は約5万法人に達しています。もっとも、1998（平成10）年のNPO法施行から25年が経過し、すでに約2万4000法人が解散しました。また2008（平成20）年から、より簡便に法人格を取得できる一般社団法人、一般財団法人制度が創設され、この制度を利用する団体も増えていることもあり、図1-6の棒グラフが示すように法人数は2018（平成30）年をピークに減少しだしています。

　なお、一般社団法人は、創設は容易なものの、理事会や総会の開催方法などの組織運営面では数多くの法的規制があり、NPO法人よりもかなり面倒な手続きが求められる法人格であることに留意する必要があります。

　では、NPO法人におけるボランティアの参加は、どのような状況でしょうか？

　内閣府が2020（令和2）年に実施した調査によれば、有給職員が1人

104　所轄庁による認証手続きが不要で、登記だけで法人格を取得できる。一般社団法人の場合、社員（正会員）が2人以上、理事1人以上でよいなど、設立や運営の条件も少ない。ただし、情報公開の義務もないことから、どのような法人が存在しているのかなど、その全体像を把握することは難しい。

105　内閣府「令和2年度特定非営利活動法人に関する実態調査報告書」

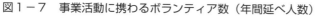

図1－7　事業活動に携わるボランティア数（年間延べ人数）

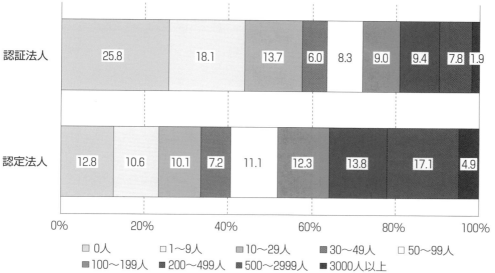

もいない NPO 法人が、認定を得ていない認証法人では27.2％あり、「法
人格を得たボランティアグループ」といえる法人が全体の3割弱を占め
ています。

　また「事業活動に携わるボランティア数」（管理、運営、総務、庶務
などにかかわる者を除く、現場で活動するボランティアの年間延べ人
数）を、図1－7に示します。

　役員としてかかわるボランティアは除かれるとはいえ、認定を得てい
ない認証法人の場合、実に全体の4割が1人のボランティアも活動して
おらず、また、この数値が年間延べ人数であることを考えると、多くの
ボランティアの参加を得て活動を進めている NPO 法人は、かなり少な
いことが分かります。一方、認定 NPO 法人の場合、ボランティアの参
加度はより高くなっています。

　第2節で解説したように、ボランティア活動には「当事者意識」を広
げ、市民の自治力を高めるという意味もあるわけで、こうした機会を多
くの市民に提供できるような運営を進めることが課題となっているとい
えます。

　1998（平成10）年にNPO法が施行され、公益活動に取り組む団体への法人格取得規制が大幅に緩和された。

　具体的には、①10人以上の正会員（法律上の用語は「社員」。総会での議決権のある人）がいて理事３人以上と監事１人以上を置き、かつ報酬を受ける役員が役員総数の３分の１以下とし、②会員の入退会に不当な条件をつけず、③「定款」（会則）の活動目的に、保健・医療・福祉の増進、社会教育の推進、まちづくりの推進、人権擁護・平和の推進などNPO法の別表で示す20種類の活動目的のうちの１つ以上を掲げ、④テーマの限定は可能だが「不特定多数の利益になる」事業を目的とし、⑤事業報告書を公開するなどが条件だ。

　過去の活動実績や資産の有無は問われず、前述の「目的」につながるものであれば具体的な活動内容の制限はなく、書類審査だけでもNPO法人格の「認証」を得られる。実際、2023（令和５）年12月末時点で申請して認証を得た法人の比率は98.9％であった。書類作成などの事務能力があれば、法人格取得自体は容易だ。

　以上の手続きは、事務所（自宅や会社の一角を利用してもよい）を置く都道府県や政令指定都市（複数の都道府県や指定都市に事務所がある場合、主たる事務所のある都道府県）で受けられる。

　NPO法人は10人以上の正会員が必要であり、そのなかでも寄付者への寄付金控除などの税制上の優遇を認める認定NPO法人の場合、認定取得にあたり3000円以上の寄付者が年平均100人以上いることが求められる。[106]このように、NPO法人は市民の参加を重視した法人格だ。

　なお、これとは別に登記だけで法人格を取得できる一般社団法人、一般財団法人という法人格もある。法人設立時に、NPO法人は登録免許税などが免税されるが、一般法人の場合、免税措置はなく約11万円の費用が発生するなど税制面での扱いに違いがある。NPO法人では必要な２週間の申請書類縦覧の手続きがなく、短期間に容易に法人格が得られるが、一方、一般社団法人の場合、正会員は２人以上でよいなど、参加よりも簡便さを重視しているのが特徴だ。ただし、設立後の運営はNPO法人に比べて、一般社団法人や一般財団法人（加えて同一ルールの公益社団法人や公益財団法人）はきわめて窮屈だ。NPO法人では可能な理事会での委任状や書面評決は、一般法人などではできない。総会の招集には理事会の議決が必要であったり、理事会や総会への監事の出席は必須なのも、一般法人などに義務づけられたルールだ。

　主婦連合会のように、任意団体で大きな社会的成果をあげている団体もあり、法人格取得は必須ではないが、法人格を取得しようとする場合は、自分たちにとってどのような法人格が適切かを吟味することが必要だ。

106　パブリックサポートテストで「絶対値基準」を使った場合。別に総収入に占める寄付額の割合を問う「相対値基準」もある。

　本節ではボランティア活動の課題・弱点と、その対策について解説しますが、後述するように、この弱点はボランティア活動が自発的な活動であるがゆえに起こりやすいという事情があります。ボランティア活動の長所の多くは活動が自発的に行われることで生じるものですが、この長所が弱点の原因にもなるのです。そこで、自発性の長所を活かしつつ、弱点を乗り越える対策が必要になります。

1．自発的な活動であるがゆえの留意点

　ここからはボランティア活動を進めるうえでの留意点について解説します。ただし、ボランティア活動が自発的な活動だということは、「言われなくてもする」活動であると同時に、「言われても、納得できなかったら、しない」活動でもあるということでした。つまり「must」（するべし）の活動ではないわけで、その意味で留意点といっても「かくあるべし」という「心構え」ではなく、注意するべきポイントということになります。

（1）全体への「影響」の配慮

　さて第一の課題は、ボランティア活動が「全体の奉仕者」である行政とは異なり、全体からの拘束を受けず、それぞれのスタイルで自由に活動を始められるというボランティア活動の特性そのものから生ずる問題です。ボランティアは、自分の関心や能力を活かして活動できることで多彩な取り組みが展開できますし、全体状況を見極めずとも動けるので、災害時などにはきわめて有用な機動性をもって活動できます。しかし、その反面、全体のバランスを崩すなどの問題を生ずることもあるのです。

　たとえば大災害が起こると、被災地には人々の善意の結晶ともいうべき大量の救援物資が集まります。しかし、この物資を無料で大量に配り続けることで、かえって被災した店舗の復興が妨害されたり、被災した人々の自立への意欲を萎えさせてしまうことがあります。救援物資の配布はもちろん「善意」から発するわけですが、「善意」の行為だからといって相手に喜ばれるという保証はありません。動機はともかく、行為

69

の結果に対する想像力が欠けてしまうと、かえってマイナスの結果をもたらすことさえあるのです。

　そもそも救援物資の配布は、平等な配給を進めるため、本来は全体状況を把握する多くの公務員が必要になります。しかし、現実には非常時の膨大な緊急対応に追われ、住民票の発行も滞るほど公務員の数が足りなくなります。そこで求められるのは、自律的に物資が得られる市場経済システムを一日も早く復興すること、つまり企業活動の活性化です。しかし市場システムの復興だけでは、震災で財産を失い経済力を失った人たちが排除されてしまいます。そこで行政の復興による社会保障システムの再整備も必要になってきます。

　第2節で、大災害などでは、ボランティアが行政を上回る機動性をもち得ることを紹介しましたが、その背景には全体状況を把握できず公平性が確保できなくなってしまった「非常時」という特殊要因がありました。つまり、単なる思いつきとなりかねないことが、結果として多彩さと評価されたのも、災害発生直後の行政は最低限のサービスを公平に供給することに力を入れざるを得なかったという事情があってのことだと思い至ることが大切です。

（2）「独りよがり」「マンネリ化」の危険性
1）動機が「善意」でも、「効果」が生まれる保証はない

　ボランティア活動などの民間非営利活動は、それぞれ多様な価値観に基づいて取り組まれるため、客観的な評価指標の設定が困難だという特性もあります。政府・自治体ならば国民（住民）全体の合意事項、企業ならば利益額が評価基準になります。しかしボランティア活動などでは、それぞれ異なる目標に取り組んでよいわけで、その多様性に意味がある世界です。しかしこのことは、基本的人権の尊重といった普遍的な原則は別として、何を目標に、どんなことに価値あることと意味づけるかはメンバーが自由に決めてよく、客観的にその妥当性を判定するのが困難な活動でもある、ということでもあります。

　このため、ユニークで先進的だと自己評価している活動が独りよがりと受け止められたり、永く伝統を守って活動を続けていると自負している活動がマンネリになっていると見られたりすることもあります。しかもそのような評価を外部から受けたからといって、実際に独りよがり、あるいはマンネリに陥っているかどうかは、メンバーの考え方、受け止

め方次第です。「独りよがり」や「マンネリ」に陥る危険性はあるものの、それを客観的に判定するのはとても難しいのです。

ただ、はっきりしているのは、動機が「善意」の活動であるからといって、それが「善行」、つまり「効果」を生み出す保証は何もないということです。この点の自覚が重要です。

2）「善行」と考えて活動することの落とし穴

周囲から「自分のこともできないくせに」とか「タダで手伝うなんて変わり者」などと見られても、自分の活動は「正しいことだ」「良い行いだ」と考えることが、孤軍奮闘するボランティアを支える面もあります。しかし、この「善行意識」は、以下のような形で弊害をもたらす場合もあります。

まず、「正しいからする」という姿勢は、自らの発想や方法論を絶対視し、少し違う動きや考え方を排除しやすいということです。

市民活動で意外に多いのが「仲間割れ」ですが、その原因の1つに、活動に熱心なあまり、自分と異なる意見や活動スタイルを受け入れられなくなってしまうことがあります。人は自発的に動こうとするときほど、「他ならぬ自分がするのだから……」といった形で、自分自身の行為にこだわりがちです。しかも市民活動の場合、打算的に動くことは少ないですから、それぞれのこだわりの差、つまり小さな志向の違いを調整できず、決定的な対立に結びつきやすいのです。このような対立は、熱心な者同士の間でこそ起こりやすいので、下手をすると最も活動的な仲間を失うことにもなりかねません。

また「善行意識」への安住は、一日の活動後、「今日は良いことをした」という感慨をもつだけで終わり、たとえば差別のような自分自身のなかにある「加害者性」や、課題の背後にひそむ社会問題に気づかない「自己満足」型のボランティア活動に陥る可能性もあります。このような活動は「結局、何も変えない」という、とても貧しい結果しか生み出しません。社会のさまざまな矛盾が集中する場と向き合いながら、その問題を自らの課題として受け止めない、つまり「悩まない」なら、偽善・自己満足と非難されても仕方がないでしょう。

かつて、観光地の美化を目的に空き缶回収に取り組むうちに、毎回、大量の空き缶が回収されることに「満足」ではなく「疑問」を感じ、空き缶のリサイクル推進システムであるデポジット[107]制導入の条令制定運動

107 デポジットとは預かり金のこと。あらかじめ一定金額を商品価格に上乗せし、製品や容器が返却されると消費者に預かり金を戻す仕組みである。日本ではビール瓶などで実施されている。

に取り組んだ、という活動がありました。この活動のリーダーが目前の課題の背後にある、より本質的な問題に迫ることができたのは、日々の活動に安易に満足しなかったからです。

　売上高や利益など貨幣的な評価基準が存在し、市場での厳しい競争を通じて常に外側から評価される企業と違い、市民活動の世界には客観的な評価システムがありません。それだけに、社会の変化を自分の活動とつなげて考えるとともに、日常の活動のなかにも課題を見出すことができるビビッドなセンスが大切になります。

2.「自発性パラドックス」

　ボランティア活動などの自主的な社会活動には、より本質的な難しさが伴います。「自分で進んで取った行動の結果として、自分自身が苦しい立場に立たされる」ということが起こりがちなのです。金子郁容が「**自発性パラドックス**」と名づけたこの現象は、なぜ生じるのでしょうか？　そして、それをどう克服すればよいのかを考えます。

（1）人権の「擁護」はできても「保障」は難しい

　市民活動の課題の1つに、自発的な取り組みで人権の"擁護"はできても、人権を"保障"することは難しいというものがあります。

　人が、誰でも、どこででも、どんなときにも保障される"べき"もの、それを私たちは「人権」と呼んでいます。つまり権利とは"べき"という義務的な対応によって初めて保障されるものです。しかし義務としてなされる行為は、ボランティア活動などにおいては自発的な活動とは呼べません。いや、自らの意思で自主的に人権を保障しようとすることはできますが、その活動にさまざまな工夫と設計を施さなければ、相手の重い課題を一人で抱え込み、場合によっては活動の「挫折」につながってしまうことも少なくありません。

　というのも、自発的な取り組みには「ここまですればよい」という普遍的な基準がありません。企業なら損が出ない範囲で、行政なら法律などにまとめられた住民あるいは国民の合意の範囲で、という明確な基準があり、その範囲内でサービスが提供されます。しかし市民活動には、

108　金子郁容『ボランティア──もうひとつの情報社会』岩波書店、1992年で、当時、一橋大学教授だった金子が指摘した。

こうした普遍的基準はありません。そもそも戦場で命を賭けて活動する国際赤十字のような活動もあれば、深夜あるいは長時間の電話相談活動に携わるボランティアもいます。逆に何もしない人も大勢います。ボランティア活動は、どんなテーマを選ぶかという自由に加えて、どんなペースで活動するのかも自由なのです。そのようななかで、個々のボランティアや市民活動家は、どこまで取り組むのかを自分自身に問いかけながら活動を進めることになります。

このとき、相手の辛さに気づき見て見ぬふりができない人ほど、「放ってはおけない」となりがちです。それは結局、活動に無理を生じさせやすいわけですが、この無理が重くなれば、当然、疲れてしまいます。そこで、やむなく休んだり活動のペースを落としたりするのですが、すると「だからボランティアはあてにならない」といった不信の声が聞こえてきたり、そのような批判は生じなくても、自ら「役に立てない」といった自責の念にかられたりします。ここで、たとえば「誰かに活動を保障されているわけではなく、私の力にも限界があって……」と釈明することができますし、活動を求めてくる相手に「見返りももらわず無理して頑張っているのに、そのように要求される筋合いはありません。厚かましいですよ」ときっぱり拒絶することもできます。

しかし、その声が現実と格闘する当事者からの訴えであったりすると、「たしかにもっと頑張らねば」と思い直すことになりがちです。こうして、さらに無理をしてしまう。そこでまた疲れ、しかし休むと不信や不満をぶつけられ、あるいは自責の念が高まり、そうして再度活動に取り組むなかで疲れ果て……。

いわば、「**疲労と不信の悪循環**」です。ボランティア活動に真剣に取り組む人ほど、責任感の強い人ほど、こうした事態に自らを追い込みやすいわけです。明治・大正時代に活躍した小説家の有島武郎の評論の書名『惜みなく愛は奪ふ』そのものともいえるこの状況は、自発的取り組みに特有のものです。それこそ、「孤軍奮闘という形の消耗戦」です。結局、疲れ果て、最後には活動を休止してしまう場合さえ少なくありません。

しかもこのような事態は、自発的に取り組むときにこそ深刻化します。誰かに頼まれて活動する場合、何らかのトラブルに遭遇した場合、頼んできた相手に文句を言い、問題の解決を求めることもできますが、自ら気づき、自主的に課題と向き合うことになった場合は、そうはいき

109 白樺派の小説家。1878（明治11）年〜1923（大正12）年。

ません。「気づいた自分が悪かった」という事態になってしまいます。

そのうえ、元来「人権」として保障されるべきニーズをボランティアや市民活動団体が担わねばならない状況では、その事態から逃げにくくなるということもよくあります。ボランティアや市民活動団体を行政サービスの代替と安易に考える発想の問題点が、ここにあります。

（2）「自発性パラドックス」の克服策

「自発性パラドックス」に陥らず、この「悪循環」から抜け出すには、一般に以下の３つの対策（ないし、これらを組み合わせた対策）が取られます。すなわち、現状と今後に対する意識を変える、課題を取り巻く環境を変える、そして自らの体制を変える、の３つです。

１）現実を受け止めて、対策を組み立て直す

「現状と今後に対する意識を変える」とは、端的にいえば「あきらめる」、つまりいったん、現実を受け入れることです。「こう、あらねば！」という想いと現実とのギャップが悩みのもとなのですから、想いよりも現実に合わせるわけで、これには２つのパターンがあります。

１つは「当面の目標」を設定するといった形で、理想的な根本的解決を将来の最終目標としつつ、問題は残るものの現実に即した「一歩前進」的中間目標を設定することです。それは、無念の選択となる場合もあります。しかし、現状を悲観的に見るばかりではなく、「以前よりは改善している」といった過去からの時間軸のなかで評価し、一歩ずつ、現実を改善していくことで、成果が着実に積み重ねられていく場合も少なくありません。[110]

もう１つは、問題と見なしてきた現実自体を見直すということです。脳に障害のある子どもなどのリハビリテーション療法とされる「ドーマン法」[111]には、科学的効果が実証されていないなどの批判もあります。[112]しかし、「なんとか障害を軽減させたい」と願う家族がハードな訓練に取り組み続け、それを支援するボランティア活動も各地で取り組まれてい

[111] アメリカ人のグレン・ドーマンが開発し、フィラデルフィアにある人間能力開発研究所で始められたプログラムのこと。脳に障害のある人の回復や障害のない子どもの能力開発が促されるとされている。

---

[110] 市民活動団体の法人格取得規制の緩和にあたって、抜本対策である民法本則の改正ではなく、特定非営利活動促進法という特別法の制定という戦略をとったことで、多くの市民活動団体に法人格取得の道が開けたことなどは、この一例といえる。

[112] たとえば、米国小児科学会など８学会が、その治療法の効果を疑問視し、勧誘方法などについて批判の声明を発表している。

ます。ここでは成果を疑って訓練を中止する場合も少なくなく、その際、今後は子どもが障害児として暮らすという現実を受け止めることが必要になります。「障害受容」は大変重い作業です。このとき、ともに訓練に取り組んだ他ならぬボランティアが、家族の落胆を共有しつつ、障害がありながら生きる子どもの人生の歩みに寄り添うことができるかもしれません。このようなかかわり方も、「現実を受け止めて、対策を組み立て直す」事例の1つです。

2）現状改革の運動を進める

　一方、課題を取り巻く環境を変える、つまり政府や企業、さらに世論に働きかけて、新たな社会制度やシステムを創造したり改善する「運動」を展開することも重要です。ボランティア活動は"お手伝い"、つまりサービス提供だけにとどまるものではありません。社会的な問題を個人的に解決するのは、元来、無理があります。そこで、これまでも新たな社会制度創設を求めて多くの運動が展開されてきました。そもそも、人権として保障されねばならない課題の解決を愛情（つまり自発性）に任せれば、まさに「惜みなく愛は奪ふ」事態を招きがちです。その結果、たとえば高齢者の介護にあたる家族が虐待を起こしてしまうほどに追いつめられる事態も起きているわけで、だからこそ介護保険制度を創設することになったのです。

　先に解説したように、自発的営みには人権保障が難しい、公平なサービス供給が難しいといった弱点がありますが、この弱点を補完するために、私たちは政府を作っているともいえます。ボランティア活動は一人ひとりに合わせた温かい活動ができる反面、公平にサービスを行き届かせることは苦手です。しかし、人権の保障は公平になされねばなりません。そこで、この公平実現のため、行政などの責任を追及し、世論を喚起して新たな制度的サービス創設に向けて努力することも、ボランティアや市民活動の大切な役割といえます。

3）支援者を確保する／ボランティアを孤立させない

　社会制度の創造や改善は重要ですが、もちろん、すべてが制度の充実で解決できるわけではありません。そこで、「自発性パラドックス」を克服しつつ、ボランティア活動など自主的活動ならではの課題解決の視点と手法を活かす対策を取らなければなりません。

では、どうしたらよいのでしょうか？

問題は、「孤軍奮闘」の状態に陥ってしまうことにありました。その状態を脱するためには、問題解決を自分たちだけで抱え込まず、周囲に「仲間」を広げ「支援者」を得て、自らの体制を強化することが必要になります。つまり、多様な人々を仲間として迎えて「参加の力」を活かし、他の団体とも連携し、さらにいえば行政や企業とも協働関係を築いていくことです。

これはボランティアを取り巻く社会の側からすれば、「頑張るボランティアを孤立させない」ということでもあります。頑張っている人が燃え尽きてしまわない社会こそが、健全な「市民社会」だともいえるのです。

3. 社会を構成する3つのセクター

ボランティア活動などにも課題・弱みがあり、その克服策の1つとして政府や企業などに働きかけることが必要ですが、このことは、社会を構成する主体はそれぞれに強みと弱みがあり、それぞれの特性を把握しておくことが大切だということでもあります。

社会の構成者については、中央政府、自治体（地方政府）などの「政府セクター」、企業が構成する「営利セクター」、そしてボランティア活動やNPOなどの「民間非営利セクター」の3つに分けることがあります。それぞれの特性を比較したのが表1－2です。ボランティア活動などの民間非営利セクターは、営利セクターと同様に民間セクターとしての共通点がある一方、政府セクターと同様に非営利セクターとしての類似点があります。そこで、民間非営利セクターには、政府と企業の双方の弱点をカバーできる可能性もありますが、逆に双方の弱点が前面に出てしまう危険性もはらみます。

こうした特性をふまえ、自らの特性だけでは課題が解決できない場合、政府に政策化を促す運動を起こしたり、企業に商品の改善を働きかけるなどの取り組みが必要となることがあります。つまり、社会全体の状況を見渡す視点をもって活動することが大切です。

表１－２　社会を構成する３つのセクターの特性比較

	政府セクター	営利セクター	民間非営利セクター
行動原理	公平・平等原理（本質的に一律的・画一的）	交換原理（ギブ＆テイク、等価交換）	共感原理（正義の実現、ないし好悪、共感の気持ち）
目標	構成員全体の最低生活保障（権利性が強固）、「全体」の福利の向上	営利追求（等価交換を通じて消費者の福利も向上。対価を払わねば受益もない）	それぞれの「ミッション」「夢」の実現（特定ないし部分的な場合も多い）
意思決定	選挙を通じた代表者（首長、議会）で決定するが合意重視。ときに住民投票を実施	株式会社なら株主総会が最高意思決定機関だが、多くは経営者の影響力が強い	それぞれの構成員で決定。意見が合わない場合、分裂もあり得る
制約要因	「全体」からの拘束（ただし「全体」の版図には、区域、領域の限定がある）	利益の向上（"投資"的効果がなければ、公共的活動でも「背任」になる）	共感成立の範囲（テーマや方法論は限定。不安定さ。自発性パラドックス）
効率性	領域内では競争原理が働きにくい（合意に時間がかかるが安定的な場合が多い）	競争を通じて生産性の向上が図られる（競争が激しいと、変化に機動的に対応）	支援者確保などに一定の競争原理は働くが、効率重視でない場合も。玉石混淆
保障性	普遍的に高い（外国籍市民などは部分的。一部への特権を原則的に禁止）	対価を払う顧客に対しては高い（支払われる対価に応じて向上）	組織力がなければ低い（努力する人ほど苦労する世界。共感がないと動かず）
選択性	原則的に低い（一地域一窓口。選択できるメニューが限定されがち）	高い（独占禁止）。価格の異なる多様な（個々に合わせた）メニューも存在	共感により多様に成立（依頼者の側の選択性は一般に低い）
創造性	「全体」の過半数以上の同意が得られなければ実行できず、本質的に保守的	市場の変化への即応を旨とする。"市場"適合的でなければスクラップされる	「私」発で開拓。経済的な"市場"に適合しなくても成立。ときにはマンネリ状態でも存在し得る
実績評価	構成員の多数者の意思によって評価。方法は選挙を通じた住民の直接評価、議会を通じた間接評価など	基本は財務指標で評価。商品市場、株式市場、労働市場などを介して、消費者、投資家、労働者が外部評価	多様な価値観に基づくため、他者と比較する評価基準の設定が困難。自己評価に傾きがち。最近は「インパクト評価」の試行も進む

4．応援を求める人を、どう見るか？

（1）仕方なく選ばれる（？）ボランティア

　本節の2の（2）「『自発性パラドックス』の克服策」の最後にふれた「支援者を確保する」ということは、周囲にSOSを発信し、応援を求めることです。しかし、これはそう容易なことではありません。

　個人が困難な事態に陥ったとき、まず頼ろうとするのは血縁で結ばれた親族という人も多いでしょうし、あるいは行政による解決を要求することもあるでしょう。一番楽なのは、対価を支払って企業のサービスを買うことかもしれません。赤の他人に、権利としても要求できないなかで、お礼も払わずに協力を仰ぐことを躊躇する人は少なくないでしょう。

　逆にいえば、頼れる家族がおらず、社会制度の谷間となっている問題を抱え、しかも経済的に困窮しているから、ボランティアの応援を求めるという場合も少なくありません。この場合、親族や社会制度や経済力のいずれかでカバーできるのであれば、ボランティアには頼りたくないということになります。そうなると、ボランティアは「仕方なく選ばれる」存在となってしまいますし、ボランティアと応援を求める人とは強者と弱者のような関係になってしまいます。

　ここまでは個人を想定しましたが、組織の場合でも似たような状況になることがあります。実際、NPOのリーダーのなかにも、「ご協力をお願いします」と頼まなければならないボランティアや寄付ではなく、質の高い商品やサービスを提供して対価を得る事業収入を確保し、有給職員の雇用で事業を進めたいという人もいます。

　しかし、ボランティアとはそのような「仕方なく選ばれる」存在なのでしょうか？　ボランティアと応援を求める人や組織との関係は、どうあればよいのでしょうか？

（2）「共同の企て」としてのボランティア活動

　この問題を考える際の鍵は、応援を求める人や組織の立場から考えることです。

　頼れる親族もなく、行政のサポートも期待できず、経済的にも厳しい状態だという場合、「あきらめる」という人も少なくないでしょう。しかし、そこで「あきらめられない」「なんとか解決したい」という思い、

つまり願いや夢を抱くとき、ボランティアの応援を求めることになります。その願いや夢とは、「障害のある我が子が地域で伸びやかに育ってほしい」ということであったり、「豊かな自然環境を次の世代に残したい」、あるいは「被災地に活気を取り戻したい」、さらには「多くの人々の参加を得て、組織のミッションを実現したい」といったものです。

　そしてボランティアは、応援を求める人や組織の願いや夢に「共感」して活動することになります。ということは、共感を通して、応援を求める人や組織の願いや夢は、ボランティアにとっての願いや夢となります。このとき、ボランティアと応援を求める人や組織との関係は、「私、する人。あなた、される人」という与え手・受け手の関係ではなく、立場は異なるものの、同じ願いや夢を実現する対等な「仲間」「同志」になります。これは「for」の関係ではなく、「with」の関係へ、ということでもありますが、このような状態での取り組みを、東京大学教授の大森彌は「共同の企て」と呼びました。[113]

　ボランティアなどの支援者との間に「共同の企て」を実現しようという関係が成立している組織は、「自発性パラドックス」を克服し、支援者とともに意欲的に活動を展開しつつ、燃え尽きてしまわない運営が可能になります。

（3）自発性を励ますものは自発性

　ここで、ボランティアの活動意欲を高めるエネルギーの源泉は、応援を求める人や組織の願いや夢であり、思いの強さです。これを筒井のり子は「自発性を励ますものは自発性」と表現しました。[114] ボランティアの応援を求める側、求めに応える側のそれぞれの思いが結びつき、刺激し合う相乗効果が生まれることで、創造的な取り組みを実現した事例がたくさんあります。

　ボランティアのパートナーである応援を求める人や組織は、強い思い（ボランタリズム）のもと、組織や施設、あるいは家を開いてボランティアを迎えようとします。高い意欲をもつ「自発性」と、周囲に開く

113　大森彌「住民の『元気』と自治の可能性」高木鉦作編『現代の人権双書12　住民自治の権利 改訂版』法律文化社、1981年

114　正確には「ある人のボランタリーな行動は、それにふれた人のボランタリーな意欲を呼びさまします」「ボランタリーな生き方しかボランタリーな生き方を勇気づけることはできない」。筒井のり子『ボランティア・コーディネーター──その理論と実際 第2版』大阪ボランティア協会、1995年

「公共性」はボランティア活動など市民による公益活動の本質をなすものでした。つまり、ボランティアの応援を求める人や組織も、またボランタリーな存在であるときに、ボランティアとパートナーとの協働関係が創造的な形で成立することになるのです。

　そして、この互いに共感し合える関係を作ることこそは、ボランティアコーディネーターの最も重要な役割です。

　そこで、この役割について、第2章で詳しく解説していくことにします。

第2章

ボランティア
コーディネーションの
理解

　これからの社会づくりにおいて、「ボランティアコーディネーション力」は大変重要です。

　第1章では、まず、「ボランティア」について多角的に理解を深めました。では、「コーディネーション」とは何でしょうか？　さらに「ボランティアコーディネーション力」とは？

　第2章では、「コーディネーション」の意味と必要性を確認したうえで、「ボランティアコーディネーション」の概念や視点を解説し、実際にボランティアコーディネーション力が求められる場や、ボランティアコーディネーターの役割についても紹介していきます。

本節では、まず、「コーディネーション」という機能（働き）にはどのような意味があるのかを確認し、それが現代社会において重要になっている背景を探ります。

1. コーディネーションとは

「coordination」という英単語は、通常、「調整」と訳されることが多いようですが、英和辞書を見ると、「同等（にすること）」という重要な意味もあることが分かります。むしろ、それが主たる意味として表されています。すなわち、コーディネーションとは、

① 「調整して全体の調和を生み出す」という働き

② 「各々の要素を対等（同格）にする」という働き

の2つの意味をもつ単語といえます。同じく、「coordinator」も、「調整する人」と「対等（同格）にする人」という2つの意味をもっています。

【リーダーズ英和辞典】2012年　より抜粋

coordination	同等（にすること）、対等（の関係）
	＜作用・機能の＞調整、協調
	＜筋肉運動の＞協調
coordinate	形容詞　　同等［同格、等位］の
	名詞　　　同格者、対等のもの
	動詞　　　1　対等にする、統合する
	2　調整する、調和［協調］させる
coordinator	同格［対等］にする人［もの］、整合［調整］する人［もの］

コーディネーション、コーディネート、コーディネーターというカタカナ語は、すっかり日本社会に定着しているように思われますが、では、日本ではこれらの言葉はどのように用いられているのでしょうか？

『広辞苑　第六版』と『現代用語の基礎知識　2014年版』には、次のように説明されています。

【広辞苑 第六版】2008年

コーディネーション	1 物事を調整してまとめ上げること
	2 服装や家具などを調和よく組み合わせること
コーディネート	1 各部分を調整して、全体がうまくいくように整えること。「会議を一する」
	2 服装などで、色・素材・デザインなどが調和するように組み合わせること。また、その組み合せ
コーディネーター	物事を調整する人。特に、服飾・放送などでいう

【現代用語の基礎知識 2014年版】2014年

コーディネーション	調整、同格化
	企業がその目標達成のために行動の統一を図ること
コーディネート	調整する、統合させる、組み合わせ衣料品（家具）。略してコーデ
コーディネーター	ものごとを調整する人
	ファッション、インテリア、色彩、旅行、ボランティア等、多分野にわたる

　この2つを見ると、総じて「調整して全体の調和を生み出す」という内容が述べられており、英単語として見たときのもう1つの意味である「対等（同格にする）」ということにはほとんどふれられていません。他に比べるとずば抜けて資格化が早かったインテリアコーディネーター（1983（昭和58）年）や、同じ頃から登場していたファッションコーディネーターのイメージが大きく影響しているのではないかと推察できます。

　しかし、これからは、もう1つの意味である「各々の要素を対等（同格）にする」という働きが、私たちの社会で大変重要な意味をもってきます。このことについて、次に具体的に見ていきましょう。

2. 現代社会の課題とコーディネーション機能

　序章でも紹介したように、近年、「コーディネーター」と名のつく職

業や役割が増大しています。現代社会においては、家事、育児、教育、介護など日常生活を営むためのさまざまな機能が細分化され、当事者本人や家族内だけでは完結せず、多様な人・団体のサービスやプログラムを組み合わさないと成り立たなくなっています。また、仕事においても、専門分化が進むなかで個々の部門を横断的に調整する役割が不可欠になっています。このように、「コーディネーター」職が増えた背景として、そもそも私たちの現在の暮らしそのものが「コーディネーション機能」なしには成り立たなくなっているという要因があげられます。

それに加えて、私たちが直面している社会の課題にアプローチする際にも、コーディネーション機能がきわめて重要な意味をもつようになってきました。序章で示した図１「コーディネーターの分類」（５頁）のなかの３類にあげた種々のコーディネーターは、まさにそうした背景から登場したものです。以下、私たちが直面する社会課題とコーディネーション機能の関係について見ていくことにします。

（１）「孤立化」の問題

日本社会は、1998（平成10）年以降、14年連続して自殺者が３万人を超える状態が続いていました。2012（平成24）年に15年ぶりに３万人を下回り、その後減少傾向にありましたが、2020（令和２）年に11年ぶりに増加に転じました。コロナ禍の影響もあり2022（令和４）年には中高年男性の増加が顕著となりました。若い世代も深刻で、10〜39歳までの各世代において、死因の第１位が自殺となっています。「10〜19歳」ではＧ７各国のなかで日本のみ、「20〜29歳」は日本とドイツとなっており、その死亡率も他国に比べて高くなっています[1]。

また、孤立死[2]の問題も深刻です。孤立死の定義があいまいなため、全国的な動向を見る統計資料はありませんが、阪神・淡路大震災（1995（平成７）年）における仮設住宅での孤独死問題が大きく取り上げられて以降、都市部でも過疎地域でも大きな課題となっています。東京都監察医務院が公表しているデータからも、孤立死と考えられる事例が多数発生していることが報告されています[3]。東日本大震災（2011（平成23）年）では、その被害の範囲の大きさや東京電力福島第一原子力発電所の事故の影響もあり、仮設住宅での生活は長期化することが予想され、高

1　厚生労働省『令和５年版自殺対策白書』
3　内閣府『令和５年版高齢社会白書』

[2] ここでいう「孤立死」とは、周囲との交流がなく、地域から孤立している状況のなかで、自宅等で誰にも看取られず一人で亡くなり、死後、長期間放置されていた場合のことをいう。また「孤独死」とは、家族や地域住民、知人等との交流があるなかでも、自宅等で疾病等により一人で亡くなった場合をいう。

齢者に限らず、孤立死をいかに防ぐかが大きな問題になっています。

さらに、子どもや高齢者・障害者への虐待、ドメスティック・バイオレンス（DV）、介護放棄殺人や介護疲れによる無理心中なども、連日のように新聞紙上に登場します。そして、生活困窮者の増加も大きな課題となっています。

こうした事態に至る要因はもちろん1つではありません。複数の要因が重なり合った結果なのですが、ほとんどの場合、その背景として浮かび上がってくるのが「孤立」、あるいは癒え難い「孤立感」や「閉塞感」です。

こうした状況を重く捉え、政府は2021（令和3）年に内閣官房に「孤独・孤立対策担当室」を設置し、2023（令和5）年6月には「孤独・孤立対策推進法」が公布されました。「孤独・孤立によって誰一人取り残さない社会」「相互に支え合い人と人とのつながりが生まれる社会」をめざし、官民連携のもと対策を推進することが謳われています。

近代社会は、生産領域が生活領域から切り離され、また共同体の成員として共同体全体を維持するための役務からも自由になったことから、「私のこと」として自由に生活していくことが可能になりました。しかし、それは同時に厳しい自己責任を伴うものです。すなわち、勤勉で自助できる「強い個人」であることが前提として期待されるようになったのです。その結果、「私のこと」である生活は個人の領域ですから、誰も助けてくれませんし、個の独立性が尊厳と結びつくことから、人の世話になったり迷惑をかけたりしたくない、という意識が徐々に広がっていきました。

しかし、いかなるときも「強い個人」であり続けるというわけにはいきません。そこで、公的セーフティネットとして社会保障や社会福祉制度といった仕組みを整え、個人を支えてきた歴史があるわけですが、そのさらなる充実とともに、今あらためて、「助けて」と言える社会、弱さを分かち合える社会、課題を共有し合える社会を作っていくことが必要になってきているのではないでしょうか？

つまりは、人と人の「つながり」を再構築することが重要視されるようになってきたのです。古くは、『平成19年版国民生活白書』[4]のテーマが「つながりが築く豊かな国民生活」でした。ここでは、家族、地域、

4　平成20年版以降、刊行されていない。

職場でのつながりに焦点をあて、つながりが弱まっている現状や再構築のために必要なことがデータとともにまとめられています。通常出会う機会がないような人同士（たとえば異なる年代、職種、分野、立場など）が出会い、つながっていくためには、意図的な働きかけが必要なのです。

また、「子どもの貧困」や「生活困窮者」の問題も深刻さを増しています。こうした問題は潜在化していて、見えにくい状態です。そこで、実際に起きている"問題"と出会うということも大切になります。自分のことだけでなく他者が抱える問題にも関心をもち、共感を土台に協同して行動していけるようにするための働きかけも求められています。

福祉制度やサービスの充実・発展は不可欠ですが、たとえば障害のある人が、消費者（顧客）としてサービス（ホームヘルパー等）を利用することで生活が成り立つようになると、結果として人間関係の幅が狭くなってしまい、ある意味での「孤立」が進んでいるという危惧もよく耳にします。

このように、「つながる」ということの価値が注目されるなか、新たな「つながり」を生み出す力、「つながれる」ようにサポートする力として、コーディネーション力に大きな期待が寄せられているのです。

（2）持続可能な地域社会をめざして

日本社会は、2008（平成20）年を境として、それまで増加し続けていた総人口が減少に転じました。2022（令和４）年10月１日現在の総人口は１億2494万7000人[5]ですが、2056（令和38）年には9965万人となり、2070（令和52）年には8700万人になると推計されています[6]。

こうしたことを背景に、2014（平成26）年５月に衝撃的な数字が発表されました。「2040年には、現在1800あるうちの896の自治体が消滅の危機にある」[7]というのです。すでに1990年代から「限界集落」[8]という言葉は登場していましたが、それは中山間地域や離島を中心としたものでした。しかし、今後は都市部も含めて「限界自治体」が増加していくこと

[8] 過疎化や高齢化の進展により、人口の50％以上が65歳以上の高齢者になって、経済的・社会的な共同生活の維持が困難になっている集落のこと。社会学者の大野晃が1991（平成３）年に提唱した概念である。

5　総務省統計局「人口推計（2022年（令和４年）10月１日現在）」

6　国立社会保障・人口問題研究所「日本の将来推計人口（令和５年推計）結果の概要」より

7　日本創成会議・人口減少問題検討分科会「成長を続ける21世紀のために『ストップ少子化・地方元気戦略』」2014年

が予想されています。

　こうした人口減少社会において、地域での経済的・社会的な共同生活を維持していくためには、多様なセクターや組織・人々がつながり、アイデアを出し合っていくしかありません。行政、企業、農業・漁業・林業などの関係団体、自治会・町内会、学校、NPO などが、共通の課題認識をもち、それぞれの特徴を活かしながら連携して取り組んでいくことで、実際に成果を上げている地域もあります。[9]

　これからの日本社会においては、このように既存の枠組みを超え、異質な組織や人々が協働していくことが不可欠になっていきます。また、その前提として、市民一人ひとりが主体的にまちづくりにかかわっていけるように "出番" を作っていくことが重要になります。そこで、鍵になるのは、異なる人々がつながり合い、新たな解決策を生み出していくコーディネーションの視点と実践なのです。

（3）多様性（ダイバーシティ）を認め合う社会へ

　このように人々のつながりが重視されるとともに、「地域コミュニティ」の重要性があらためて注目されています。子育てや高齢者・障害者の暮らしを考えたとき、地域の教育力や福祉力が豊かであるに越したことはありません。また最近は、特に防犯や防災の観点からも、地域コミュニティが重要だと考える人は増えているようです。

　しかし一方で、自治会（町内会）の加入率は低下し、自治会活動への参加者も減少していること、また役員のなり手がいないなどの現実があります。自治会（町内会）や老人クラブなどの従来の地縁型住民組織は、その運営のあり方や活動内容を見直す過渡期にあるといえるでしょう。老若男女がユニークな行事や取り組みに活発に参加している自治会もありますので、工夫次第ではいろいろな展開が考えられそうです。

　さて、その際に、押さえておかねばならないことがあります。「地域づくり」「コミュニティ」というとき、本当にそこに住んでいる人すべてを考えたものになっているのか、ということです。仲間づくりを進めようとすると、あるいは協働や連帯というとき、どうしても同質性の追求という側面が出てきます。そこでは、異質なものの排除につながる危険性があるということを意識しておかねばなりません。

9　島根県の離島、海士町や徳島県の上勝町が有名である。

最近、多文化共生という言葉をよく聞くようになりました。多文化共生の定義は、国レベルではまだ定まったものはありませんが、たとえば総務省が出した報告書では「国籍や民族などの異なる人々が、互いの文化的ちがいを認め合い、対等な関係を築こうとしながら、地域社会の構成員として共に生きていくこと[10]」とされています。2012（平成24）年7月からは、外国人登録制度が廃止され、新しく在留管理制度がスタートしました。これによって日本国内に住む外国人も住民基本台帳の適用対象に加えられることになりました。2023（令和5）年6月末現在、法務省入国管理局が発表している在留外国人数は、322万3858人です。この数は、茨城県の全人口（2023（令和5）年7月1日現在の人口推計で、282万8086人）を上回っており、日本の総人口の約2.6％にあたります。1980年代後半以降、外国人数は増え続けていましたが、2008年のリーマンショックの影響や2011（平成23）年3月の東日本大震災により減少が続いていました。しかし、2013（平成25）年末には5年ぶりに増加に転じ、2020（令和2）・2021（令和3）年に新型コロナウイルス感染症の影響で減少したものの、2022（令和4）年以降に大幅に増加していくものと思われます。

　さらに、在留資格の期限が切れたままの状態で日本に滞在している外国人数（入国管理局調べでは、2023（令和5）年7月1日現在7万9101人）を加えると、もっと多くの外国人が日本で暮らしていることになります。

　多文化共生は、ホスト社会側から提起された概念です。つまり、受け入れる側の市民一人ひとりがどう考えどう変わるのか、社会システムをどのように作っていくのかが問われているのです。排除したり、一方的に「統合」させたりするのではなく、共生のための新たな仕組みを生み出していく必要があるのです。

　このことは、外国人だけの問題ではありません。ホームレス、障害者、認知症高齢者など、社会的排除（ソーシャル・エクスクルージョン）の対象になりやすい人々に対し、共に生きる社会づくりをしていくことが現代社会の大きな課題となっています。このことは、「社会的排除からソーシャル・インクルージョン（社会的包摂）へ」と表現されたりします。

10　総務省「多文化共生の推進に関する研究会報告～地域における多文化共生の推進に向けて～」2006年

このように、多様性を認め合ったうえで、いかに「つながり」を作るかという点で、「コーディネーション」という考え方やスキルが重要な鍵になってきているのです。

＊

さて、コーディネーションの意味として、「調整して全体の調和を生み出す」「各々の要素を対等（同格）にする」という2つがあることを紹介しましたが、以上のような私たちの社会が直面している状況や課題を考えたとき、特に2つ目の「各々の要素を対等（同格）にする」という働きがますます重要になることが分かると思います。

すなわち、立場や状況が異なる人々や組織の間に新たなつながりを作り、共生社会を実現していくためには、どちらか一方の都合や条件・考えを押しつけるのではなく、当事者双方の自己決定権を尊重したうえでつながっていくことが必要です。そのためには、「対等にする、同格にする」という「コーディネーション」という機能が大きな意味をもつのです。調和や調整といったときにも、単なる組み合わせや表面的な調和ではなく、その中身に対等性が確保されていることが重要であるという視点が、この「コーディネーション」という言葉のなかに含まれているといえます。

第1章では「ボランティア」について、そして第2章の第1節では「コーディネーション」の意味や必要性について詳しく見てきました。それらをふまえて、本節では、「ボランティアコーディネーション」の概念について考えます。

1. ボランティアコーディネーションとは

第1章で見てきたように、私たちの社会において「ボランティア」という存在とその活動、また彼（女）らが作る組織の存在とその活動がもたらすものは、きわめて大きな意味をもっています。こうしたボランティア活動・市民活動が活発な社会のことを、「市民社会」と呼ぶこともあると紹介しました。市民社会（シビル・ソサエティ civil society）とは、「一人ひとりの市民が主役となり、個々に独立しつつ互いの違いを認め合い、助け合い、プロセスを大切にしながら社会づくりに参加し創造し、自らも成長していく社会」と第1章で説明しました。また、朝日新聞出版の『知恵蔵――朝日現代用語2007』では、「市民及び市民により組織されたNPOが重要な役割を果たし、政府や営利企業とも有機的なネットワークを構築しているような社会」をシビル・ソサエティと表しています。

すなわち、「市民社会」を創造し活性化させるためには、

① 市民が主人公であること（市民参加・参画）
② 市民が作る組織が元気であること（NPO活性化）
③ 市民あるいは市民が作る組織同士、協働できること（市民協働）
④ 市民が作る組織と企業・政府（行政）が協働できること（セクター間の協働）

が重要であることが分かります。

しかし現実には、その1つひとつにまだまだ多くの壁があります。たとえば、序章で述べたように、「本当に市民の『参加』は増えているのか？」「ボランティアの力は本当に活かされているのか？」「異なる分野・組織の協働はうまくいっているのか？」ということについて、現場ではたくさんの悩みを抱えているのです。

市民のボランティア活動への参加率は、まだ低い状況にあります。複

数の調査結果から、ボランティア活動に積極的な関心を示す人は約6割に達していますが、実際に参加した人は23％程度にとどまっていることが分かります。「市民参加」「市民参画」の意義は各方面でますます大きく語られるようになり、実際、多様な公的機関・施設やイベントにおいてボランティア導入が盛んになってきました。行政計画を策定する際にも、市民から委員を公募することが増えてきました。さらに、指定管理者制度[11]の導入に代表されるように、従来は政府の役割であった公共サービスを「民間」へと移行していく動きが加速しています。

このように市民参加の機会が増え、ボランティアやNPOの活躍の場が広がっているわけですが、必ずしもボランティア本来の意義や"アリバイ的"なものでない真の市民参加・参画が理解され実現されているとは言い難い状況です。

さらに、異なる分野・組織が協働する目的は、それによって総合力を発揮し新たなものを生み出すことですが、必ずしもその成果が上がっているとはいえません。前節で自殺の問題にふれましたが、特定非営利活動法人自殺対策支援センターライフリンク[12]が行った自殺の実態調査（「『1000人の声なき声』に耳を傾ける調査」[13]）によると、約300人の遺族に聴き取りを行った結果、1人の自殺の背景には平均4つの危機要因が重なっているということが分かったそうです。たとえば、「失業」「負債」「生活苦」「家族の不和」「うつ病」などですが、現状ではこれら要因への対策としては、雇用対策、多重債務相談、精神科治療などが別々に縦割りで行われがちです。しかし、それでは本当に自殺を防ぐことはできません。4つの要因が連鎖して自殺が起きているということは、4つの支援策が連携して展開されるようにならなければ、本当の問題解決にならないのです。

また、環境問題でいえば、たとえば、漂流してきたゴミが堆積しているような海岸を、昔のような景観が美しく、また魚や海草などが豊富な"生きた海"に回復させようとするとします。しかし、海辺の管理は、国・県・市・民間のさまざまな組織がかかわっており、縦割りの弊害が出てしまいがちです。また、行政機関だけ、あるいはボランティアグループだけで取り組もうと思っても限界があります。漁業組合、研究機

[11]　自治体などに限定されていた「公の施設」の管理運営をNPOや企業などに包括的に代行させる制度のこと。

[12]　「新しいつながりによる新しい解決力」をモットーに2004（平成16）年に発足したNPOである。

[13]　自殺実態解析プロジェクトチーム『自殺実態白書2008』2008年

関、NPO、地元や地域外からの市民、地元の学校、地元企業など、さまざまな組織が参加し、協働していかなければ海の再生は実現しないのです。

　多様な市民の参加・参画が進み、ボランティアのもつ力が組織や地域のなかで十分に発揮され、異なる分野・組織の協働によって、前節で紹介したような社会課題へのアプローチが可能となるためには、必要に応じて今までとは違う発想や工夫、新たな仕組みづくりが必要になります。そのためには、まず、ボランティアという存在や行為の本質を理解していること、さらに異なる人や組織が対等の関係でつながるというコーディネーションの視点をもっていることが基本となります。そのうえで、新たな働きかけや活動プログラムづくり、協働の仕組みづくりをしていくのです。これらを行う力を「ボランティアコーディネーション力」といいます。

　認定特定非営利活動法人日本ボランティアコーディネーター協会（JVCA）では、「ボランティアコーディネーション」を次のように定義しています。

> 　ボランティアコーディネーションとは、「一人ひとりが社会を構成する重要な一員であることを自覚し、主体的・自発的に社会のさまざまな課題やテーマに取り組む」というボランティア活動の意義を認め、その活動のプロセスで多様な人や組織が相互に対等な関係でつながり、新たな力を生み出せるように調整することで、一人ひとりが市民社会づくりに参加することを可能にする働きである。

　この定義を分解してみると、次の４つのポイントがあることが分かります。
　①　ボランティア（活動）の意義を正しく認識していること
　②　多様な人や組織が対等な関係でつながれるようにすること
　③　多様な人や組織を調整して新たな力を生み出せるようにすること
　④　一人ひとりが市民社会づくりに参加できるようにすること

　「ボランティアコーディネーション」と聞くと、ボランティアとニーズや活動先をつなぐこと、あるいは、ボランティアの人数調整をすること、などを思い浮かべた人がいるかもしれません。しかし、それは、ボランティアコーディネーションの断片を表しているにすぎません。「ボランティアコーディネーション」とは、単に"ボランティア募集"や"需要と供給の調整"などのテクニック的なことのみを指すのではなく、

大きくは「市民社会づくり」ということを目的として行われる働きなのです。まず、このことをしっかり押さえておかないと、単なる"調整役""手配師""斡旋業"といった、偏ったあるいは矮小化されたイメージをもたれてしまいます。

　「ボランティアコーディネーション」は、市民社会づくりを進めるうえで欠かせない働きであり、「ボランティアコーディネーション力」は、さまざまな分野や組織において、幅広く必要とされる力なのです。

　では、具体的にボランティアコーディネーションの働きとはどのようなものでしょうか？　次に、市民社会づくりという観点から、ボランティアコーディネーション機能について詳しく見ていきます。

2. 市民社会づくりと
　　ボランティアコーディネーション力

　「市民社会づくり」には多様な側面があり、さまざまなアプローチがあります。それらのなかで、特に、"ボランティア"という人や活動がもつ力に焦点をあて、それらを活かすことで社会のさまざまな課題にアプローチできるように多元的なコーディネーションを行うことが「ボランティアコーディネーション」です。

　市民社会づくりの第一歩は、市民の「参加」から始まります。しかも、それは、受け身的、消費者的な参加ではなく、一人ひとりの主体的な参加です。社会で起きていることに対して無関心・他人事ではなく自分にかかわる問題として、すなわち当事者として捉え行動できるようになることが重要です。さらに、一部の限られた人々だけではなく、年齢・国籍・職業・障害の有無等にかかわらず多様な市民の社会への主体的な"参加"（団体などの集まりの一員になったり、行動をともにしたりすること）や"参画"（政策や事業などの計画に加わること）が必要です。それらを促進するために、ボランティアコーディネーションの働きが必要になります。たとえば、まず、そのきっかけとして、「市民が〇〇と出会い、つながること」をサポートすることです。〇〇には、社会課題・多様な市民・団体・活動・プロジェクトなどが入るでしょう。

　また、市民社会づくりにおいて、さまざまな社会課題にアプローチするために「異なる□□がつながり、総合力を発揮すること・新たなものを生み出すこと」が重要であることも見てきました。□□には、市民・

団体・機関・活動・専門性・課題・施策といったものが入ります。異なる活動分野、異なるタイプの人・組織がつながる際のポイントは、いかに対等の関係を生み出せるかにあります。ここにも、ボランティアコーディネーションの働きがなくてはなりません。

　さらに、社会課題の存在とその解決に取り組む市民のさまざまな動きについて、より多くの人々に知ってもらい、関心を喚起していくことも市民社会づくりにとって重要です。この場合においても、ボランティアコーディネーションの働きが必要とされます。

　これらのことから、市民社会づくりにおけるボランティアコーディネーションの役割は、次のように整理することができるでしょう。

❶　人々の「参加」の意欲を高める。
❷　人々がともに社会課題に取り組むことを支える。
　・異なる立場の人や組織間で対等な関係を作り出す。
　・異なる立場の人や組織がつながることで総合力や新たな解決力を生み出す。
❸　活動を通して気づいた問題をともに伝え広げる（問題の社会化）。

　これをもとに、次に、ボランティアコーディネーションの機能（働き）という観点から、より詳細に見ていくことにします。

　ボランティアコーディネーションの機能を分解すると、以下の5点をあげることができます。

　①　人々の活動や組織への参加・参画を促進する。
　②　人と人とのつながりを生み出す。
　③　モノ・サービスを組み合わせる。
　④　組織内の人や部署の役割を調整する。
　⑤　異なる組織間の協働を実現する。

　一口に「ボランティアコーディネーション」といっても、それがどのような場面、どのような組織において展開されるかによって、これら5つの機能の必要度の強弱は違ってきます。「個人」を対象とする場合であれば、①②③が中心になるでしょうし、⑤のようにむしろ「組織間」でのコーディネーションが中心になることもあるでしょう。したがって、これらは必要に応じて使い分ける「個別の機能」ということができます。

さらに、これらの５つの機能すべての土台になるものとして、

A　対等な関係を作り出す。

B　総合力や新たな解決力を生み出す。

の２つをあげることができます。これらは、５つの機能すべてに共通して必要となるものです。そこで、これら２つを「基盤となる機能」ということにします。

図２－１は、これら、２つの「基盤となる機能」と５つの「個別機能」の全体像を表したものです。

ボランティアは、言うまでもなく"個人の意思"に基本を置く概念です。一人ひとりの思いや考えを尊重し、それらが多様な形で社会的に顕在化されていくことに大きな意味があります。したがって、図２－１のように、ボランティアコーディネーションの機能は"個人"をめぐるものが大部分を占めています。

しかし、組織にかかわる部分も重要です。そもそもボランティアの力が適切に発揮されるためには、受け入れる側の組織のあり方が問われます。その体制や運営方法を分析し、改善あるいは新たな仕組みを作り出していかなくてはなりません。さらにボランティアグループ間の調整であったり、ボランティア活動からの展開としてさまざまな組織にかかわったり、その調整をしたりすることも当然必要になります。ただ、「異なる組織間の協働」に関する部分は、ボランティアコーディネーションの機能を基盤としつつも、さらに多様な要素も必要となるため、図２－１では、少し関与度を小さく表しています。

図２－１　ボランティアコーディネーションの機能

基盤となる機能	個別機能	
●対等な関係を作り出す ●総合力や新たな解決力を生み出す	1．人々の活動や組織への参加・参画を促進する	個人
	2．人と人とのつながりを生み出す	ボランティアコーディネーション
	3．モノ・サービスを組み合わせる	
	4．組織内の人や部署の役割を調整する	
	5．異なる組織間の協働を実現する	組織

一口に「ボランティアコーディネーション」といっても、それがどのような場面、どのような組織において展開されるかによって、必要となる個別機能の強弱は変わってきます。もちろん、「対等な関係を作り出す」「総合力や新たな解決力を生み出す」という2つの機能が、基盤となることは言うまでもありません。以下、それぞれの機能について、詳しく見ていきます。

3. 個別の機能

（1）人々の活動や組織への参加・参画を促進する働き

　先に述べたように、市民社会づくりの土台は、市民一人ひとりの主体的な社会参加です。社会への参加というのは少し抽象的なので、より具体的に「活動や組織」への参加・参画の促進を考えてみましょう。

　まずはじめに大切なのは、**参加・参画意欲の喚起**です。モチベーション（動機づけ）を高めるとか、インセンティブ（誘因、ある行動に駆り立てることを目的とした刺激）を用意するといった表現もよく使われます。漠然とした参加願望から、対象の活動や組織が明確になっている参加希望まで、いろいろな段階がありますが、それぞれに応じた工夫が求められます。

　そもそも、参加してみたいと思うような魅力的な活動や企画をいかに作り出せるかが問われます。ボランティアプログラム開発力ということです。また、いくら魅力的な活動内容や団体があっても、その情報が、関心ある人、あるいは関心あるときに届かなければ意味をなしません。そこで情報発信・提供のツール開発や情報メディアと連携していく力が必要になります。

　また、**参加しやすくする工夫**も大切です。たとえば、「身近な地域の人ともっとかかわりをもちたい」と思っている人は少なくありません。しかし、ライフスタイルが多様になっているがゆえに、昔ながらの（地域）行事内容や参加方法では、かかわりをもちたくても物理的に難しいという人もたくさんいます。NPOへのかかわりの場合も同様です。そこで、人によっていろいろなかかわり方ができるような"配慮"や"仕掛け"も必要となるでしょう。また、異世代や異文化の人々がつながりを作るためには、かなり意図的な呼びかけが必要です。

　さらに、**参加し続けることへのサポート**も必要でしょう。活動や組織

への共感を深められるような工夫、また次の活動へと展開していけるような循環づくりも大切です。

　こうしたことを常に意識して、必要に応じて意図的に実践していける力をもった人がますます重要になっているのです。

（2）人と人とのつながりを生み出す働き

　今では、インターネットの普及により、以前には考えられなかったような範囲（全国各地、そして世界中）での、実に多様な団体や個人との情報交換が簡単にできるようになりました。しかしその一方で、隣の住人とはあいさつ以上の会話をしたことがない、という状態もめずらしくなく、考えてみるととても不思議な現象が起きているといえます。

　そのようななか、すでに述べたように、今あらためて人と人との直接的な「つながり」の大切さが強調されています。しかし、日々の生活や仕事が他者との協力なしには成り立たなかった時代とは違い、今の社会において、あらためて他者とのつながりを構築していくのはなかなか難しいことでもあります。そこで「コーディネーション力」をもった人々が増えていくことがとても大きな意味をもってきます。良い意味での“おせっかい焼き”とか、“お世話焼き”の存在が、まちで求められているのです。

　「つながり」には、さまざまなレベルがありますが、まず、「人とかかわりたい」という意識や意欲を喚起していくことが基本ではないでしょうか？　人々をエンパワメント[14]することといってもよいでしょう。それには地道な声かけや訪問などのアプローチ、また意図的な仕掛けも必要です。たとえば、最近は「居場所づくり」への関心が高まってきていますが、そうした自然なつながりが生まれやすい場づくりも必要かもしれません。

　いずれにしても、自らが相手に関心をもちかかわっていこうとすること、自らが“触媒”となって相手を刺激し変化させていこうとする姿勢や力が求められます。「コーディネーション」には、第三者的な立場から客観的にそれぞれに対応するという意味もありますが、それは、傍観者的、機械的にということではありません。新たなつながりを生み出そうとするとき、相手に影響を与える“触媒”の存在の意味が大きいように思われます。まさに「自発性を引き出すのは、自発性」ということです。

第2章
ボランティアコーディネーションの理解

14　社会や組織において自らを統制する力を奪われた人々がその力を取り戻すことを指すが、ここでは社会問題や課題に気づき、共有し、自らの力で解決しようというプロセスと人々の成長を意味している。

（3）モノ・サービスを組み合わせる働き

　現実の社会での暮らしを支えるためには、人のつながりと合わせて制度・サービスなどの社会資源もうまく組み合わせることが必要になります。

　モノ・サービスを組み合わせるというとき、押さえておかなければならないのは「主体はどこにあるのか」ということです。それは、モノ・サービスの側、あるいはそれらを提供する側にあるのではなく、「それらを必要としている人」の側にあります。当事者、クライエント、要支援者などさまざまな呼び方がありますが、そういった人を丸ごと（トータルに）把握し、その人の立場に立って、重なり合った複数の課題や悩みを総合的に解決していこうとする視点なしには、本当にQOL（Quality of Life：生活の質）を高めることはできません。

　では、QOLを高めるような「組み合わせ」をするためには、何が必要でしょうか？

　第1に、**情報収集力**です。より多くのモノ・サービスを知っていてこそ、よりふさわしい組み合わせをすることができます。どこに、どのような情報があるのか、誰がそのことに詳しいのか、最新情報は何かなど、常にアンテナを張り、学ぶ姿勢が求められます。同時に、表面的な情報・知識ではなく、それぞれの特徴、持ち味、条件などを詳しく、深くつかんでおくことが必要です。

　第2に、より良い組み合わせのためには、そもそものニーズ把握力が不可欠です。電話や面接、訪問などで、観察したりコミュニケーションを図ったりすることで、「本当に必要とされていること」をつかまなければなりません。表現されている範囲のことを部分的に充足するだけでは、本当にニーズに対応できたとはいえません。

　そして第3に、モノ・サービスを必要としている本人自身が、**自ら選び組み合わせていけるような支援をする**ことが、人にかかわる際の真の「コーディネーション力」といえるでしょう。完全にその人に代わって組み合わせるのではなく、その人と一緒に、あるいはその人が自分で取り組みやすいように、情報提供やアドバイスを行っていく力が必要です。このことは、"自立支援"や"側面的支援"などと表されたりします。

（４）組織内の人や部署の役割を調整する働き

　これは、２つの側面から考えてみることにしましょう。

　先に、市民社会を創造し活性化させる４つのポイントをあげたなかに、「市民が作る組織が元気であること」というものがありました。"市民が作る組織" とは、市民活動団体、NPO ／ NGO、あるいは CSO（civil society organization）などいろいろな名称で呼ばれます。メンバーが少人数の場合は別ですが、少し大きくなってくると、事業（活動）内容別、役割別、地区別などに分かれて活動を展開するようになります。同じボランティアといっても、運営委員会や理事会といった意思決定部門で活動する人と、具体的な事業実践部門で活動する人などバラエティが出てきます。このように組織が大きくなるにつれ分担や分業は不可避になりますが、その場合、同時にこれらがバラバラにならないように「コーディネーション」機能の発揮が重要になります。市民活動団体が、そこにかかわる一人ひとりの市民の思いを大切にしつつ、組織としてミッションを遂行していくために、職員やリーダーに「コーディネーション力」が不可欠だといえるでしょう。

　次に、「市民社会づくり」というとき、市民活動団体だけでなく、自治体や企業においても組織内での役割調整力は重要です。コーディネーション機能（働き）として２つ目に「総合力や新たな解決力を生み出す」というものがありましたが、縦割り行政やセクト主義の弊害を超えていかなければ、複雑化した社会課題の解決はできません。

　このように、組織内の役割調整をしていくためには、組織構造を理解する力、利害対立など葛藤が生じる場合の対応力、限られた組織内資源を有効に活用する力などが求められます。より具体的にいえば、ミーティングスキル、コミュニケーション能力などが不可欠といえるでしょう。

（５）異なる組織間の協働を実現する働き

　まず、「協働」とは何でしょうか？　簡単にいうと「同じ目的のために協力して働くこと」です。つまり、単に連携するとか、ネットワークを作るだけではなく、実際に、課題解決に向けての取り組み（事業）を行う際に使う言葉です。コーディネーション機能（働き）として「総合力や新たな解決力を生み出す」というものがありましたが、そのためには、この「協働」がうまく行われなければなりません。

「異なる組織間」は、さらに2つに分けて考えることができます。1つは、市民活動団体（図1-4（63頁）での「狭義のNPO」）同士ということです。"縦割り"という言葉は行政に対してよく使われますが、市民活動の世界にも存在します。環境、教育、福祉、国際交流、海外協力……など分野が異なると、驚くほど接点がなかったり、互いに協力し合うことが少なかったりします。しかし、市民社会づくりには、これら多様なボランティアや市民活動団体が、分野を超えて協働していくことが大変重要です。このことを「市民協働」と表すこともあります。

　もう1つは、市民活動団体（NPO）とは異なるセクターとの協働です。つまり、NPOと行政、あるいはNPOと企業との協働を意味します。複雑に絡み合った社会問題の解決のためには、単独ではなく、それぞれの特長を活かし合って取り組むことが求められます。このことを「官民協働」とか「産官民協働」などと表すこともあります。

　こうした協働の実現は、言うのは簡単ですが、実際には大変な気力と労力が必要です。まず、相互理解のための議論の場づくりが必要ですし、平等に参加するルールづくりなど具体的な仕組みづくりを進めていかなければなりません。NPO、行政、企業を問わず、こうした価値観とスキルをもった人材が、これからますます必要とされているのです。

4．基盤となる機能

（1）対等な関係を作り出す働き

　すでに述べたように、これは「5つの個別機能」の共通基盤、目標ともいえるものです。すなわち、「他者とのつながり方」や「組織内の調整の仕方」「組織間の協働のあり方」を示しています。2つ以上のものの間に、上下関係や主従関係、支配関係とは異なるフラットな関係を、また一方が得をすれば必ず他方が損をするというゼロ・サム[15]状態ではなく、両方にとって有利な状態（win-win）の関係を作っていくことは、市民社会づくりにおいては大変重要です。

　では、"対等な関係"や"win-winの関係"を作っていくには、どうしたらよいのでしょうか？

　まず重要なことは、**めざすべきビジョンやゴールを明確にし、互いに共有し合えるようにする**ことです。それぞれタイプ（分野、組織の特性、方法など）は違っていても、めざしているものは同じであることを

[15] ゼロ・サムとは、複数の人が相互に影響し合う状況のなかで、全員の利得の総和が常にゼロになること、またはその状況をいう。一方が勝者となれば他方が敗者となる。つまり利得が生じている裏には相応の損失が発生している。

繰り返し確認し合うことです。そのためには、課題を明確にし、より分かりやすい言葉でビジョンを示せるようにする必要があります。

さらに、前提として、一人ひとりが**「異なる意見、異なる取り組みがあることは重要である」という視点**をもつ必要があります。自分と考えや方法が違う人や団体に対して、「違うからダメ」ではなく、「違うから面白い、参考になることがあるかもしれない」という見方ができれば、組織や地域社会にもっと豊かな関係が生まれていくのではないでしょうか？ 「コーディネーション力」とは、こうした見方ができること、さらにこうした見方を関係者に伝え広げていく力といえます。

次に、客観的に**「どこが違って、どこが共通するのか」を把握する力**が必要でしょう。そのためには、相手の主張や背景をしっかり聴き、受け止める姿勢やスキルが求められます。共感力といってもよいかもしれません。コミュニケーション力ともいえるでしょう。ときには、"翻訳"や"代弁"が必要なこともあります。たとえば、同じボランティア団体同士であっても、環境、福祉、国際交流など分野によって使っている用語や論理が異なり、本旨が伝わりにくいことがあります。あるいは、行政、企業、NPO間で組織文化が違い過ぎるために誤解が生じることもあります。ボランティアと受け入れ組織の職員とでは立場が異なるために、不必要な対立感情を生んでしまうこともあります。必要に応じて、特有の表現や背景、主張などを他方の人々が理解しやすいように"翻訳"したり、"代弁"したりできることもコーディネーション力といえます。

さらに、対等な関係づくりのためには、**関係するものがそれぞれ"変わる"こと**が必要です。互いに既存の状態のままでつながろうとしても、そうはうまくいきません。既存の枠組みや方法、考え方を互いに少しずつ変えていくことで、新しい関係が生まれるのです。このように「変化を起こさせる」こともコーディネーション力に含まれます。

（2）総合力や新たな解決力を生み出す働き

これも「5つの個別機能」の目標であり基盤となるものです。何のために参加するのか、つながる（つなげる）のか、何のために協働（を促進）するのか、ということです。

先に少しふれましたが、市民社会づくりにおける「コーディネーション」は、ただ単に表面的な調和を作ることではありません。また、自己

完結してしまうような単純な「需要と供給」の調整ではないのです。"1 + 1"は2ではなく3にも4にもなるという発想で、集まることによる総合力を活かしていかなくてはなりません。また、"1 × 1"が5にも10にもなるように、出会いによる化学反応を起こさせ、新たな発想やパワーを引き出していかなくてはなりません。

　そのためには、まず、個々の"木を見る"ことだけでなく、常に"森全体を見る"ことが必要です。組織全体で何が問題になっているのか、地域社会は今どのような課題を抱えているのか、市内でどんな団体がどのような活動を展開しているのか……など、総合的な把握力、いろいろな情報をキャッチする力が求められます。そして、ビジョン（将来の見通し、構想）をもつ力がないと、「総合力や新たな解決力を生み出す」コーディネーションはできません。さらに、柔軟な思考、ユニークな発想ができることも大変重要です。従来の方法や枠組み、分類、構造などへのこだわりが強すぎて、柔らかな発想や動き方ができない人は、コーディネーション力が弱いと言わざるを得ません。

第3節 ▶ ボランティアコーディネーションが求められる場

　ここまで、市民社会づくりにおけるボランティアコーディネーションの機能（働き）を整理してきました。本節では、「ボランティアコーディネーション機能」は具体的にどのような場面で必要になるのかを見ていきます。まず、「個人」「組織」「セクター」という切り口で整理し、さらに具体的な事例を紹介します。

　なお、本書では基本的に「市民」という言葉を使っていますが、あえて、同じ地域（地理的範囲）に暮らしているということに重きを置く場合に限り、「住民」という表現を使うことにします。また、ボランティアも自治体職員も企業で働く社員もすべて「市民」であるわけですから、「市民」という表現は、「個人」に近いものとして用います。そして、必要に応じて括弧内に説明を入れることにします。[→例：市民（ボランティア）]

1. ボランティアコーディネーションが求められる場（個人・組織・セクター）

（1）個人と個人の間で

　「市民社会」においては、一人ひとりの人間がないがしろにされることなく、自らの存在意義を感じることができ、そして自ら社会づくりをしていこうという"自治"意識をもてることが、なにより大切です。したがって、「個人」をめぐるコーディネーションは、大変大きな意味をもっています。

　「個人と個人」といった場合も、実にさまざまなコーディネーション場面があります。代表的なものとして、4つを取り上げてみることにします。

　A　同じ「地域コミュニティ」に暮らす住民間

　B　活動をしている市民（ボランティア）間

　C　市民（ボランティア）と市民（有給職員）

　D　市民（要支援者）と市民（支援者）

　まずAですが、より生活に密着した「地域」での人々のつながりや参加を広げていく場面です。異なる世代の住民、異なる国籍・文化的背景をもつ住民、異なるライフスタイルの住民、古くから暮らしている住民（旧住民）と新しく暮らし始めた住民（新住民）、地域行事によく参加する住民、しない住民……など、多様な市民間でコーディネーションが求

103

められます。

Bは、さまざまな分野で活動しているボランティア同士、あるいは、同じ分野でも多様な取り組み方で活動しているボランティア、さらに同じグループのなかでも役割の違うボランティア間でコーディネーションが必要になる場合です。第1章で見てきたように、「ボランティア活動」は決まった形（活動テーマや内容、方法）があるわけではありません。"気づいた人""なんとかしたいと思った人""もっと○○したいと思った人"などの発意・創意に基づいて、実に多様な内容の活動が生まれていきます。そこで、いろいろな場面で、ボランティア同士の間にもコーディネーションが大切になるのです。

Cの「ボランティアと有給職員」の関係は、大変大きなテーマです。同じ施設・団体、同じ行事、同じプロジェクトで、"契約した仕事"として"金銭的報酬"をもらって働く「職員」と、自らの自発性・主体性のもとに金銭的報酬を目的とすることなく活動する「ボランティア」がいるのですから、当然、立場に伴うさまざまな役割分担や協働方法をしっかりと検討しておかなければなりません。ここで、コーディネーションの考え方とスキルをもった人材がいないと、不必要な混乱や対立を生んでしまいかねません。

Dは、何らかの生きづらさ、生活しづらさを抱えている市民（要支援者と表しておきます）と、その解決にかかわる市民（支援者）との間にコーディネーションが必要となる場合です。支援者は、近隣住民のこともあれば、ボランティアのこともあります。また、複数の専門職も含めたコーディネーションの場合もあるでしょう。ある状況において「援助を求めている側」と「援助を提供する側」という異なる立場に分かれたとしても、同じ市民、同じ生活者としてどのような共感関係を築けるのか、そこから何が生み出されるのか、コーディネーション力が大きな鍵を握ります。

（2）個人と組織の間で

「市民社会」においては、まず「個人」のあり方が重要ですが、その個人がどのように「組織」にかかわるのか、あるいはどのように「組織」を作っていくのかも大きなテーマです。そこで次に、「個人と組織」間のコーディネーションについて見ていくことにします。

「組織」も多様なものがあります。ここでは、4つのコーディネー

ション場面を取り上げます。

A　市民（住民）と地縁組織

B　市民（ボランティア）と市民活動団体

C　市民（ボランティア）と公共施設（社会福祉施設、社会教育施設、文化施設、学校、病院など）

D　市民と行政（国、自治体）

Aは、自治会・町内会、老人会、女性会、体育振興会、地区（学区）社会福祉協議会など、一定の地理的範囲をもった（居住者という条件がある）組織に参加する場合です。地理的範囲を限定しない団体で活動する場合とは、また少し違った“個人―組織”間の難しさと面白さがあります。

Bは、市民活動団体が、どのようにボランティアを位置づけ、いかにボランティアの力を活かせるような運営をすることができるかということです。第1章でもふれたように、NPOのなかには、運営や事業に「多くの市民（ボランティア）が参加・参画すること」をあまり重要視しないようなところも増えていますが、本来のNPOの社会的意義や、個々のNPOのミッション達成を考えると、多くの市民が関心をもち、かかわっていくことは、とても大切なことといえます。

Cについてですが、最近、ますます公共施設（社会福祉施設、病院、博物館、スポーツ施設、文化ホール、学校、公園など）における市民参加が注目されています。設置主体や運営主体はさまざまで、行政、公益法人、社会福祉法人、医療法人、学校法人、NPO法人以外にも、指定管理者制度の関係で、企業がボランティアを募集するといった、以前には考えられなかったようなパターンも増えてきました。NPOの場合と同様に、ボランティアの存在をどのように捉え、いかにボランティアの力が活かされるような運営をしていけるのかが問われています。より多くの公共施設の職員が、コーディネーションについて理解を深めておくことが求められています。

Dは、まず行政計画や施策づくりにおける市民参加・参画があげられます。最近、行政計画策定委員会のメンバーを市民公募することが増えてきました。また、計画策定のプロセスにおけるワークショップや懇談会などへの市民参加も広がってきました。こうした市民の参加・参画がスムーズに行われ、本当に意味あるものにするためにコーディネーション力をもったスタッフの配置が重要になってきています。また、市民マ

ラソンなど自治体主催の大規模イベントのボランティア募集も増えてきました。自治体職員にも、ますますボランティアコーディネーション力が求められています。

（3）組織と組織の間で

　すでに繰り返し述べてきたように、複雑で多様化した現代の社会課題の解決には、多様な組織が協働して取り組んでいくことが求められます。そこで、さまざまな組織間のコーディネーションが必要になるのですが、単純にいうと次の3つの場合が考えられます。

　　A　NPOとNPO
　　B　NPOと行政
　　C　NPOと企業

　まず、AのNPO間のコーディネーションですが、たとえば、アースデイに環境関係の多くのNPOが協働して大きな啓発イベントを行うといった場合、市内で活動している多様な分野のNPOが協力し合って「市民活動フェスティバル」というような企画を実行していく場合、バリアフリーに関する調査や提言活動を障害者・高齢者・子どもなどさまざまなNPOが協力して行う場合、日本語がうまく話せない定住外国人家族の支援に複数のNPOがかかわっていくような場合などがあります。同じ分野／異なる分野、イベント／個別支援など、さまざまな場面でのコーディネーションが考えられます。

　BとCは、「NPOと行政の協働事業」や「NPOと行政のパートナーシップ」、同様に「NPOと企業との協働」「NPOと企業のパートナーシップ」といった表現で、近年重要視されてきていることです。協働についてはすでに前節でふれましたのでここでは詳しく述べませんが、異なる文化や構造をもつ組織の間に、対等な関係で新たな力を生み出すような"協働"を実行していくには大変な努力が必要です。ただ集まれば協働できるというものではありません。協働のいろいろな段階で、NPO側にも行政や企業の側にも、その場面に応じたコーディネーション力が求められるといえるでしょう。

（4）セクターとセクターの間で

　第1章で説明したように、私たちの社会は、3つのセクターからなっています。すなわち、第1セクターとして「行政セクター」（または政

16 地球環境について考える日として提案された記念日で、4月22日のアースデイが広く知られている。

106

府セクターなど）、第２セクターとして「営利セクター」（または企業セクターなど）、そして第３セクターとして「民間非営利セクター」（または市民セクター、ボランタリーセクター、NPO セクターなど）です。

　具体的には、本節の１の（３）で述べたような個々の組織間のコーディネーションになるのですが、社会づくりという点から視野を広げて、“セクター間の連携・協働”ということもよくいわれます。新たな施策や事業、イベントを企画する際に、セクターを超えた協働という発想をもつことが重要になっています。このようにダイナミックな発想と動き方をする際にも、根底にはコーディネーションという考え方が生きてくるのです。

2．ボランティアコーディネーションが 求められる場（事例）

　ここまで、市民社会づくりにおいてボランティアコーディネーションが発揮される場面を、「個人と個人」「個人と組織」「組織と組織」「セクターとセクター」という４つの切り口で紹介し、その概要を見てきました。ここからはより具体的な事例をあげて、ボランティアコーディネーションがどのような場で、どのように実践されるのかを見ていくことにします。

　「ボランティアコーディネーション」が実践されている場として、すぐに思い浮かぶのは、ボランティアセンターや市民活動センターなどの中間支援組織ではないでしょうか？　あるいは、福祉施設や博物館などでのボランティア受け入れをイメージする人もいるでしょう。実は、それ以外にも実にさまざまな領域・場面で実践されて、あるいは必要とされています。ここでは、それらのなかから以下の７つの場面を取り上げ、それぞれ具体的な事例をあげて見ていくことにします。

① 　地域コミュニティにおけるさまざまな活動において

② 　ボランティアグループにおいて

③ 　NPO 法人において

④ 　公共施設において

⑤ 　行政（自治体）の仕事において

⑥ 　企業において

⑦ 　中間支援組織において

（1）地域コミュニティにおけるさまざまな活動において

　地域コミュニティ内には、自治会をはじめとして、老人会、女性会、子ども会、青年団、体育振興会、文化振興会、防犯協議会、自主防災組織、地区社会福祉協議会、民生委員・児童委員協議会などたくさんの地縁組織があります。そこではいろいろな行事や活動がなされています。ただ最近は、新たに加入する人や行事・活動への参加者が減少しているという課題を抱えているところが増えているようです。また、役員のなり手がない、参加メンバーが固定化してしまっている、イベントには当日参加するが企画・運営する側に入る人が少ない、活動内容がマンネリ化しているといった悩みもよく聞きます。

　一方、参加しない側の住民のなかには、「関心がないわけではないがきっかけがない」「従来の運営方法では、"やらされる"感が強くて楽しめない感じがする」「一部の人が牛耳っていて情報公開されていないイメージがある」といった声もあるようです。

　ここ数年、「地域コミュニティ」への期待は過剰とも思えるほど高くなっています。たしかに子育てや青少年の育成、高齢者や障害者の介護、生きがいづくり、防犯、防災などを考えると、行政施策や専門職の対応だけでは完結し得ず、基盤として住民同士のつながりや協力、支え合いが不可欠といえます。ところが、実際の地域の実状は、前述のようなところが多いのです。"素晴らしい地域コミュニティ"幻想と現実とのギャップで、多くの地域リーダーは悩んでいます。

　また、第1節でもふれましたが、地域コミュニティに"みんな仲良し"というイメージが強すぎたり、過剰なほど"安心・安全"にこだわったりすると、異質な人や少し変わった人を排除する雰囲気が醸成されてしまいます。近年の「コミュニティ」ブームのなかで、あらためてこの危険性を意識しておかねばなりません。

　これらのことをふまえ、今、地域で新たなつながりづくり、コミュニティづくりを進めていくためには、「新たな何か」が必要になっています。その1つが「ボランティアコーディネーション力」といえます。これまで参加していない人たちを、ただ「無関心」と決めつけるのではなく、巻き込むためのより具体的なアイデアを出し実行する、異質と思える住民間の架け橋となる、また従来の運営方法を人々のニーズに合致したものに改革していくといったことを実践していく発想やスキルが求められているのです。いろいろな場面でいろいろな内容が考えられます

が、ここでは、２つの事例を紹介することにします。

【事例Ａ：自治会　マンションの夏祭りで】

　Ａさんは、築５年目の大規模マンション（120戸）に住んでいます。入居開始当初より、一部の住民から「自治会」結成の希望は出されていました。しかし、多くの住民の賛同を得ることが難しく、有志が何度も呼びかけ、案内文の配布やアンケートを繰り返し、ようやく１年前の春に結成にこぎ着けました。しかし、加入率は４割ほどで、関心は高くありません。できることから少しずつやっていこうと、昨年７月にマンション横の小さな公園で、ささやかな夏祭りを開催しました。小さな子どもやその家族はそこそこ来てくれましたが、それ以外の住民はほとんど無関心のようでした。今年も、２回目の夏祭りを計画しています。しかし、昨年と同じでは……。

⬇

　自治会の役員たちで話し合った結果、今年は、綿菓子やヨーヨー釣りなどに使える「金券」を数枚ずつ全戸配布することにしました。しかし、役員の一人であるＡさんは、これだけではやはり参加する層は限られてしまうだろう、どうすればこのマンションに住むもっと多様な人に参加してもらえるのだろうかと考えました。というのも、「子どもがいないと行きづらい」という声を耳にしたからです。

　そこで、夏祭り当日に、金券販売やお茶配り、写真撮影などちょっとしたことを手伝ってくれる人を呼びかけてみることにしました。運営側に人が足りないのは事実ですが、それよりも何か役割があったほうが参加しやすいのではないかと思ったからです。しかし、あまり重い役割や長時間の拘束だと二の足を踏むだろうと考え、当日の申し出でも可、たとえ30分でも可という緩やかな協力を呼びかけることにしました。

　夏祭り前日には、70代の男性から「写真撮影が趣味なので、協力できるかも」という申し出がありました。当日には、「日曜出勤のはずだったが、取引先の都合で急に取りやめに。何でもいいので手伝いますよ」という30代の男性、「気になっていたけれど昨年は近づきがたかった」という60代の一人暮らしの女性など５名が運営協力者として参加してくれました。数は多くはありませんが、協力者の呼びかけをしなければ、おそらく今年も参加されなかったであろう人ばかりでした。Ａさんは、これからも、一部の住民だけでなく幅広い人々が参加しやすくなるよう

な工夫をしていこうと思っています。

【事例Ｂ：小地域社会福祉協議会　一人暮らし高齢者ふれ合い会食会で】

　Ｂさんは、新米の民生委員です。結婚してこの町で暮らすようになって30年ほど経つのですが、仕事をしていたこともあって地元にはそれほど深くかかわってきませんでした。60歳になったのを機に、もっと地域にかかわりたいと思っていた矢先に民生委員の依頼があり、引き受けることにしました。Ｂ地区では、公民館で月１回、一人暮らし高齢者対象の「ふれ合い会食会」が開かれています。女性会、民生委員、ボランティアで約40人分のお弁当を作り、集まってきたお年寄りに食べていただくのです。

　民生委員としてＢさんも初めて参加しました。「会食」というので、わいわいガヤガヤと楽しくおしゃべりしながら食事をしている光景を想像していたのですが、思ったより静かで黙々と食べています。そして、参加者は「ありがとうございました」と深々と頭を下げて帰っていくのです。同じ地区の住民同士なのに、なんだか……。それに、少しずつ参加者が減っているそうです。

--------------------------------⬇--------------------------------

　会食会が始まったときの代表者が決めたやり方を、そのまま踏襲しているとのことで、他のメンバーは特に何も感じていないようです。Ｂさんはいろいろと考えてみました。まず、机が大きすぎて２つ並べると向かい側の人の声は聞こえにくく、隣の人としか話せないこと、しかも３人掛けなので２人で話すと１人が余ってしまうこと、初参加のお年寄りは話す相手がいないこと、調理ボランティアは別室で食べていることなどが分かってきました。

　Ｂさんは、先輩ボランティアに相談しながら、机や椅子の配置を変えたり、ボランティアたちが各テーブルに入って話を盛り上げるようにしたり、毎回、ちょっとしたお楽しみコーナーを作るなどの工夫をしていきました。お楽しみコーナーでは、公民館で練習している大正琴やオカリナ、絵手紙などの趣味のサークル、近隣大学の落語研究会などに声をかけました。徐々に口コミで、同じ地区の住民でマジック（手品）や南京玉すだれが得意な人の情報も入ってきました。また、これまで「お客さん」だったお年寄りにも発言してもらったり、特技を披露してもらったり、元気な人には片づけを少し手伝ってもらったりして、「一緒に作

り、一緒に楽しむ」雰囲気づくりに取り組みました。

　半年後、参加者のお年寄りからもお楽しみコーナーの希望や提案が出されるようになり、それに応じてボランティアもますます張り切り出し、とてもにぎやかな会食会に変わっていきました。

（2）ボランティアグループにおいて

　ボランティアグループの運営で悩んでいるリーダーやメンバーの人は多いのではないでしょうか？　一見すると、ボランティアグループの場合は、関心のあるテーマのもとに人々が自分の意思で自由に集まっているので、あまり問題なく運営できそうに思えます。関心のない人も含めて全員参加をめざさなければならない地縁型組織の活動推進に悩んでいるリーダーからは、うらやむ声も聞かれたりします。しかし、実際は、ボランティアグループの運営も相当に難しいものなのです。

　それには理由があります。まず第1に、ボランティアグループは基本的に、まさに“自発的な”人たちの集まりだからです。“自発的”であるということは、常に活動をより良くしていくパワーの源ですが、一方でメンバーそれぞれの“こだわり”が良くも悪くも強くなりやすいということでもあります。ボランティアは一人ひとりさまざまな動機をもっており、活動に対する思いやかかわり方も多様です。アルバイトのように、仕事内容や時間が明確に決められて契約しているわけではありません。したがって、メンバーそれぞれに自分がやりたい内容、自分の好むやり方があり、その調整が難しい場合があるのです。

　第2に、ボランティア活動は、単なる趣味のサークルと違って、「相手」あるいは「ニーズ」が存在しています。「求められていること」と「自分たちがやりたいこと・できること」の間で、具体的な活動内容を決め、実践していかねばなりません。これをしっかり考えないと、“自己満足”“ありがた迷惑”といわれるような活動になってしまうかもしれません。

　第3に、グループの規模が大きくなってくると、情報共有や意思決定が大変になります。仕事（職場）であれば、基本的に会議に欠席者はいないはずですが、ボランティアの場合は必ずしも毎回全員が参加できるわけではありません。議論し決定する場にいないとどうしても受け身になってしまったり、自分勝手な動きをしてしまったりして、グループとしてのまとまりが難しくなります。だからといって、リーダーや一部の

メンバーがすべて決定して上意下達のように運営するのでは、反発が大きくなります。最近は、インターネットや携帯電話の普及で情報共有がしやすくなってきたとはいうものの、グループが成長し規模が大きくなるほど、さまざまな運営の工夫をしないとグループが崩壊してしまうというジレンマを抱えています。

第4に、ほとんどの場合、白紙の状態から活動資金を獲得していかねばならないという課題があります。自分たちの活動を継続させるために、会費集めやバザー開催、助成金申請など、資金づくりのための活動もしなければならず、主たる活動とのバランスで悩んでいるリーダーもいるでしょう。

こうしたことから、ボランティアグループの運営にも、ボランティアコーディネーションの発想やスキルが必要とされるのです。以下、事例を1つ紹介しましょう。

【事例C：日本語教室¹⁷で】

17 主に来日外国人が日本語を習得するために開かれている教室のこと。国際交流協会や市民団体などが開催しており、多くの場合、教師役はボランティアが務めている。

Cさんは、日本語教室ボランティアグループのリーダーです。最近、日本語教師の養成講座を修了して、ボランティアとして参加する人が増えており、嬉しい反面、少し困ったと思っています。なぜなら、その人たちの多くはとても熱意があり自発性が高いのですが、「教えたい」という気持ちが強すぎるのです。養成講座で勉強したやり方をそのまましもち込んだり、「こう教えるべきだ」との主張が強かったりで、学習者や他のボランティアともギクシャクしています。一部のボランティアのなかからは、「ボランティア活動というものが分かっていない。場合によっては辞めてもらっては」といった極端な意見も出てきています。たしかに知識も大切ですが、もっとボランティアの役割というものを認識してほしいと思っているのですが……。

----------------------◆----------------------

Cさんは、他の日本語教室スタッフに相談してみました。すると、自身も養成講座修了後、「日本語を教えたい！」との意欲に燃えて日本語教室ボランティアに参加し、あまりにイメージと異なってショックを受けたという経験をもつ人からも話を聞くことができました。その人は、「同じカリキュラム・テキストで、みんな黒板に向かって講師の話を聞いている」というイメージをもっていたので、テキストもバラバラで、雑談しているようなテーブルがあったり、子どもが出入りしたりしてい

るのを見て、「これで日本語がうまくなるのだろうか」と疑問に感じ、なんとか改善しなくてはと思ったそうです。

　この話を聞いてＣさんは、「教室を良くしたい」「日本語を学ぶ学習者（外国人）にプラスに」と考えているのは同じなのだなあ、なんとか理解し合えないものかなあと感じました。

　そこでＣさんは、他の教室の取り組みも参考にしながら運営の工夫をしていきました。たとえば、教室の趣旨や雰囲気などが分かるパンフレットを作成し、新しくボランティアに加わる人に渡したり、活動を始める前に必ず話し合うようにしました。また、不定期開催だったボランティアのミーティングを月１回、定例で開くようにして、ボランティア同士で疑問や意見を出し合えるようにしました。学習者からも教室に対する意見をしっかり聞くようにしました。

　その結果、教室の方針を理解・共感して入ってくるボランティアが増え、他のメンバーも教室のあり方について、今まで以上に真剣に考えるようになりました。

（3）NPO法人において

　NPO法人の場合も、ボランティアグループの運営とほぼ同じ課題を抱えています。それらに加えて、NPO法人では有給スタッフを雇用することもあり、そうすると有給スタッフとボランティアとの関係についていろいろな問題も生じてきます。

　有給スタッフと一口にいっても、「事務局」を担う場合と、実施事業に有給でかかわるスタッフ（たとえばヘルパー）を指す場合とがあります。前者の場合、事業が拡大し規模が大きくなるにつれて、常駐している「事務局スタッフ」にさまざまな情報が集中・蓄積するようになり、ボランティアスタッフとの間に情報量のギャップが生じてきます。すると、運営会議を開いても、ボランティアから意見や提案が出しにくくなり、事務局スタッフ主導になってしまうことや、逆にボランティアから出される意見が現場の最新事情とずれていて事務局スタッフが悩んでしまうことも起きてきます。また、もともとボランティアですべて運営してきたような団体の場合、有給の事務局スタッフは、単に事務を担う人（陰での支え役）なのか、むしろ団体の推進者（牽引役）なのか、位置づけがあいまいで、職員もボランティアも双方にジレンマを抱えてしまうという事態にも陥りやすいものです。

後者の場合、たとえば、同じホームヘルプ活動に有給ヘルパーもボランティアも携わるなど、同じ事業に両者が参加するということも起こり得ますので、よほど整理しておかないと現場で混乱が生じてしまいます。

　また、同じボランティア同士でも、理事・運営委員など組織全体に責任をもつ立場と、部分的に事業活動に携わる立場とに分かれていく傾向があり、意思決定や役割分担の仕方が単純にはいかなくなります。企業では、組織の意思決定や事業活動にボランティアが参画するということはあり得ませんから、企業のマネジメントにはない難しさと同時に面白さがあるのです。

　さらに、収益事業や受託事業を積極的に実施している NPO 法人の場合、「事業に追われて、もともと団体を作った目的があやふやになってしまっている」といったジレンマを抱えてしまうこともあります。事業に追われると、どうしても地道な会員拡大や寄付金集め、ボランティア募集がおろそかになる傾向があり、自分たちが取り組むテーマについて広く市民の共感を得て、支援者を巻き込んでいくという NPO としての存在意義があやふやになってしまうのです。だからといって、会員や寄付者、ボランティアの拡大は簡単ではありません。限られたスタッフ、時間のなかで、どのように支援者を拡大し、共感を広げる工夫をしていくのか……。ここでもボランティアコーディネーション力がポイントになってくるのです。

【事例D：海外協力の NPO 法人で】

　Dさんは、アジアの貧困地域の子どもたちを支援する NPO 法人の事務局スタッフ（有給）です。そこは30年ほど前にできた団体で、10年前に NPO 法人格を取得しました。日本国内での関心や理解を広げるためのイベントを行ったり、現地へのスタディツアーを企画したり、現地の NGO と連携してストリートチルドレンの支援施設を運営したりしています。結成当時20〜30代だったボランティアたち（青年海外協力隊に参加した人や、貧困問題、アジアに関心がある学生など）は、これまで若さで突っ走ってきましたが、今や60代になり、さまざまな経験と知識、理論を蓄積して、海外協力分野全体の中核メンバーとなりつつあります。

　Dさんは、この団体に学生時代からボランティアで参加しており、事

務局職員を募集していることを知って、3年間働いた会社を辞めて応募しました。給料は減りましたが、やりがいがある仕事で楽しい毎日です。

しかし最近、気になり始めていることがあります。この団体では、理事はもちろんのこと、事業企画や運営の中心メンバーは、結成当時とあまり変わっておらず、「核になるメンバーが広がっていない」ことです。法人化を機にパンフレットやホームページも新しくしたので、会員やイベントに参加するボランティアは増えています。しかし、次なるリーダーシップをとっていくようなボランティアはほとんど育っていないのです。結成当時のメンバーとは知識や経験にギャップがありすぎて、対等に会議に参加できないという声もあります。また、イベントへの参加は楽しいけれど、裏方仕事や責任が重くなる立場は嫌という人も増えているのかもしれません。このままでは……と、Dさんはひそかに危機感を募らせています。

イベントへの参加者が減っているわけではないので、理事や現在の中心メンバーはあまり危機感を感じていないようです。現在、理事は7人で、そのほとんどは結成時からの顔ぶれです。2か月に1回理事会を開いて、現地との交渉や今後の会の方針づくり、事業企画などを精力的にこなしています。

Dさんは3年後、5年後のことを考え、徐々に新しいメンバーも会全体の意思決定や運営に加わっていけるように、理事会とは別に何か委員会を作ってはどうかと考えました。すると、理事たちからは、「以前もそのような取り組みをしたことがあるが、結局、学生だけではちゃんとした企画にならなかった」「海外協力の場合、同じボランティアといっても、現地の事情をよく分かっている人でないと無理」「今、特に問題はおきていない」などといった消極的な意見が出されました。

そこでDさんは、ボランティアはたくさんいるように見えても、1回限りだったり、イベント当日しか来ない人が多いということを数字にまとめて理事会に出すなど、少しずつ問題意識の共有を図っていきました。1年後、理事会のなかで、「学生ボランティア主体で企画・運営する事業」の案や、35周年に向けて団体の将来ビジョンを検討する委員会に新たなメンバーを呼びかける案などが話し合われるようになりました。Dさんは、「最初はうまくいかなくても、ある程度任せていかない

と人は育たない」と思っています。そして、楽しいイベントだけに単発で参加するボランティアもいてもいいが、もっとかかわりたい、もっと貢献したいと思っているボランティアもたくさんいるはずだと信じています。

（4）公共施設において

「公共施設」とは、学校、病院、福祉施設、博物館、文化・芸術施設などの"ハコモノ"だけでなく、道路や上下水道などの"インフラ"も含めた用語ですが、ここでは前者を中心に、不特定多数の個人が共同で使うことができるもの、という意味で用いることにします。また、国や地方公共団体が提供するものと限定することもあるようですが、ここでは民間企業や非営利団体が設置あるいは運営しているものも幅広く含めます。

それぞれの施設には、それぞれの設置目的があり、その目的を達成するための事業を遂行する職員がいます。また、専門知識やスキルを有する職員と、全般的な事務を担う職員に大別できるでしょう。つまり、最初からボランティアが存在することを前提に作られているわけではなく、基本的に職員のみで運営できるように設計されているわけです。

そこで、公共施設へのボランティア導入や市民参加を進める際には、まず、「なぜ職員だけでなく、ボランティアを受け入れる必要があるのか」について、施設側として考え方を明確にしておくことが必要です。「職員の不足を補うため」「アルバイト代わり」「なんとなくボランティアが流行っているから」といった理由では、せっかくのボランティアの力が施設で発揮されるとは思えません。

先に、NPO法人における有給スタッフとボランティアをめぐる課題について述べましたが、公共施設の場合、また少し違った課題があげられます。まず、職員の大部分が、ボランティア活動の経験がないため、自分流のボランティア観やイメージで物事を判断してしまう危険性があり、ボランティアの立場からは「職員によって言うことが異なり混乱する」といった悩みが出てきます。また、分からないとどうしても「管理的」になってしまう傾向があります。一方、特に公立の施設の場合、ボランティアのなかには職員に対して「私たちの税金で食べているのだから」「公務員なのだから市民の言うことを聞くように」といった態度で接し、職員や施設に対して自分勝手な要望を出してくる人もいます。そ

の結果、職員は、ボランティアの過剰な要求や主張を抑えるためにより管理的になるという悪循環が生まれやすいのです。また、指定管理者制度が始まってから、スポーツ施設や市民会館などを中心にさまざまな公共施設の運営に企業が参入してくるようになりました。そうすると、新たに企業がボランティアを募集するといった現象も起こってきています。

　このように、公共施設はNPOの場合以上に「職員」と「ボランティア」の区別がはっきりしており、そこでの無理解や誤解から対立感情やトラブルが発生することが多いのです。

　そこで施設のなかに、ボランティアとは何か、ボランティア活動の特徴は何かなどについて、きちんと理解している職員がいることが、大変大きな意味をもってきます。また、実際にボランティアを受け入れる場合、ボランティアが施設の目的を理解して、職員とともにより良い活動を展開していけるように、施設内で受け入れ体制を作っていかなければなりません。ボランティアが参画することのメリットはもちろんのこと、そのリスクも含めて、トータルに把握しておく必要があるのです。

　このように、現在はまだボランティアを受け入れていない施設も含めて、公共施設の職員がボランティアコーディネーションについて理解しておくことは、これからますます重要になってくるでしょう。

【事例E：小学校　図書ボランティアの活動で】

　今のように「学校支援ボランティア」の推進が叫ばれ、各地で活発に展開されるようになる前の話です。阪神・淡路大震災（1995（平成7）年）によって、「ボランティア」への関心が高まり始めていた頃でした。

　Eさんは、ある小学校で3年生の学年主任をしていました。子どもたちを見ていると、ゲームに夢中で外で遊ぶことが減ったのはもちろん、本当に本を読まなくなったなあと思っていました。そんなとき、PTAの役員をしている人から、「図書室のお手伝いをしたいと言っている人たちがいる」と聞きました。校長や教頭に伝えると、「それは良いことだ。本の修理や整理を手伝ってくれたら助かる。PTAのなかで当番を決めて、順番に来てもらったらどうか？　ボランティアだとどんな人が来るか分からないから不安だが、PTAの役員中心なら学校内に入ってもらっても安心だ」との返事がありました。とんとん拍子に話が進んでいきそうでした。

しかし、Eさんはちょっと気になりました。「図書室のお手伝いをしたい」と言っている人は、いったいどんなことをしたいと思っているのでしょう……。

-- ⬇ --

　最初に話を聞いたのと、もともと図書室にかかわっていた関係で、Eさんがこの件についての担当（窓口）になることに決まりました。Eさんは、PTAの役員に校長・教頭の意向を伝えたのですが、やはり気になり、「図書室の手伝いがしたい」と言っている人に会わせてもらうことにしました。

　翌日、2人の保護者がやってきました。同じく校長・教頭の意向を伝えたのですが、なんとなく納得されていない様子です。じっくり話を聞いてみると、「子どもたちは、公園で遊んでいてもいつも手にはゲーム機を持っていて、とても心配になった。もっと本にふれてほしい。他校で図書ボランティアというのがあるというのを聞いて、PTAの会合のときに発言してみた」とのことでした。2人の動機は、Eさんが気になっていたことと同じだったのです。

　「もっと子どもたちに本を読む楽しさを知ってほしい」という思いを共有したEさんは、その思いを活かせるような活動にならないかと思いました。本の修理・整理も大事なことですが、まず本の〝読み聞かせ〟から始められないかと考えました。校長・教頭に報告し相談したところ、「図書室の手伝いと聞いたので、本の修理・整理しか思いつかなかった。〝読み聞かせ〟もいいのでは」と理解が得られました。さらに2人の保護者と話をするなかで、「保護者という立場だと、子どもが在学している間だけになってしまう。この活動はもっと視野の広い、継続したものになればいい」ということが確認され、PTAの当番でやるのではなく、関心のあるメンバーが保護者としてではなく〝地域住民として〟子どもたちのすこやかな育ちを応援するという活動にしていくことになりました。

　今、週1回「朝の読書の時間」（15分）に本の読み聞かせをしています。図書室を利用する子どもも増えてきており、また、読み聞かせに参加するボランティアも地域のさまざまな層に広がってきています。

【事例F：高齢者福祉施設　認知症高齢者にかかわる活動で】

　Fさんは、特別養護老人ホームで介護主任との兼務でボランティア受

け入れの担当をしています。15年ほど前から、ホームには利用者の話し相手や書道と華道クラブの補助をする個人ボランティアが数名来てくれていますが、ここ数年、認知症のある利用者が増加していることもあって、コミュニケーションが以前のようにはうまくいかず、小さなトラブルや気持ちの行き違いが起こるようになってきました。ボランティアからは「おしゃべりを楽しむ感じにならない」「手順が違ったので直そうとしたら強い口調で怒鳴られた」などの相談もあり、Fさんはなんとかしなければと思いつつ、日々の業務に追われるままに時間が経過していました。

　あるとき、3人のベテランボランティアが一緒に「あまりお役に立っていないようなので活動を辞めたい」と言ってきました。Fさんは、これまでとてもよくやってくれていた3人からの活動停止の申し出に、ホーム全体でボランティアのことをもっと真剣に考えないとボランティアがいなくなってしまうかも……。対策を急がなければと思いました。

↓

　Fさんは施設長にボランティアの活動停止の申し出について報告しました。施設長からは、「15年前と比べると、利用者さんの状態もケアの考え方もずいぶん変化している。活動内容そのものを見直す必要があるのではないか」と助言されました。そこで、Fさんは介護スタッフとボランティアからそれぞれに、現在の活動の様子と課題を聞き取ることにしました。スタッフからは、体制が手薄になる場面があるので利用者を見守ってほしいという期待がある一方で、ボランティアからは認知症という言葉は知っていてもどのように対応してよいのか分からず不安が大きく、活動を楽しむどころではない状況が見えてきました。

　そこでFさんは、もう一度介護スタッフと、利用者はもちろんボランティアも楽しくできる活動について話し合いました。認知症の有無にかかわらず、「○○さんは囲碁がやりたいようだ」「□□さんは、土いじりが好きみたい」「××さんは、横に座ってあげるだけで安心するみたい」など、それぞれの利用者の具体的なニーズも出されました。その後に開いたボランティアミーティングでこのことを投げかけると、「囲碁が得意な知り合いがいる」「そばにいるだけでいいなら私にもできるかも」と前向きな意見も出され、辞めたいと言ってきたボランティアからは「認知症のことをもっと知りたいので教えてもらえないか」との要望も出されました。

Fさんは早速、施設長と相談して認知症のことを知る学習会を企画し、家族や地域の皆さんにも参加を呼びかけることにしました。ボランティアからは資料の準備や当日の受け付けを手伝いたいとの申し出があり、Fさんは初めてボランティアと力を合わせる手応えを感じています。

【事例G：博物館　展示室ボランティアの活動で】

Gさんは、自然科学系博物館[18]でボランティアコーディネーターとして働くことになりました。より積極的にボランティアを導入していこうという上層部の方針により、以前、ボランティアセンターでのコーディネーター経験があるGさんが新たに非常勤職員として採用されたのです。募集は5月、仕事開始は6月からでした。

この博物館は公立で、これまでボランティアを募集したことはありませんでした。その代わり、早くから「友の会」[19]が組織されており、その活動のなかで博物館事業への協力は行われていました。新年度の事業計画で、「ボランティアの積極的導入」が決まっていたので、5月からボランティア募集は始まっており、Gさんが着任したときにはすでに40人のボランティアが登録済みでした。

40人中25人は長年「友の会」に所属しているメンバー、残りの15人はチラシやホームページを見て申し込んできた人です。さて、これからどうなることやら……。

博物館で予定されていたボランティア活動の内容は、展示室での子ども向け体験学習と展示解説です。登録ボランティアの何人かと話をしてみると、「友の会」メンバーの多くは、これまでの経験から「学芸員のお手伝いをすればいい」と思っているようです。新規メンバーは多様で、「単に博物館に興味があった」という人、「自然観察が好き」という人、「ある動植物に非常に詳しく、さらに研究したい」と思っている人など、とてもひと括りにはできません。

[18] 博物館は展示内容によって、「総合博物館」「人文科学系博物館」「自然科学系博物館」の3つに大別される。さらに、「人文科学系博物館」は、「美術系博物館」（美術館など）と「歴史系博物館」（歴史博物館など）に、また「自然科学系博物館」は、「自然史系博物館」（自然史博物館、動植物園、水族館など）と「理工系博物館」（科学博物館など）に分類される。

19　博物館を積極的に利用して親しみ、学習しようとする人々により構成される会員組織のこと。会員同士が交流しながら学んだり楽しんだりすることを目的に、博物館と連携しつつ講演会や研修会を企画したり、会報を発行したりしている。同時に、博物館事業への参加・協力・支援も行っている。入会すると、博物館利用に関するさまざまな特典もある。

博物館では、数回のオリエンテーション（博物館の紹介や展示物の説明など）ののち、7月から活動を始めてもらう予定にしていました。ボランティアだけでなく、学芸員も一緒なので大丈夫だろうと思っていたようです。

Gさんは、ボランティアセンターでの経験から、これほど"ボランティア観"に違いがあるとうまくいかないのではないかと思い、学芸員とも相談してオリエンテーションのやり方を一方通行の講義形式だけではなく、ボランティア同士で意見交換するような演習方式も取り入れるように提案しました。また、このままでは本当に「職員のお手伝い」になってしまいかねません。そこで、ボランティアたちが自主企画もしているような博物館を訪問して、職員もボランティアもともに、今後の活動のイメージを確かめ合うようなことがしたいと申し出ました。

それにしても、ボランティアを募集する以前のプログラムを作っていく段階からかかわりたかったとGさんは思います。博物館の上層部も、ようやく「ボランティアコーディネーター」の役割が、単なるボランティアのお世話役ではなく、もっと深いものだということを理解し始めてくれたようです。

（5）行政（自治体）の仕事において

かつて、（大ざっぱな区分でいうと）1990年代半ばまでは、自治体職員のほとんどは、「ボランティア」という存在を意識しておらず、ましてや「ボランティア」を支援したり、「ボランティア」と一緒に仕事をしたりするなどということは考えたこともなかったでしょう。もちろん、自治体職員のなかでも、福祉事務所や児童相談所、保健所などの福祉・保健関係、また社会教育関係の担当者の場合は、以前からボランティアとの接点がある人もいました。また、社会福祉協議会や国際交流協会、前述したような公共施設へ出向していた場合も、ボランティアとの協働を経験したかもしれません。しかし、それ以外の行政一般職の人たちは、仕事上でボランティアと出会うということはほとんどなかったといえます。したがって、「行政の仕事にボランティアは関係ない」として、ボランティアのことはよく分からない、考えたこともないという状態の人が大半だったと思われます。

ところが、1995（平成7）年に起きた阪神・淡路大震災を機に、日本社会のなかで「ボランティア」の存在の意義、さらには「非営利活動」

や「NPO」の社会的な重要性が広く認識されていくにしたがって、自治体職員の誰もがボランティアと接点をもち、ボランティアとの協働が求められる可能性が出てきたのです。

その1つが、行政設置の「総合ボランティアセンター構想」でした。これは、当時の社会福祉協議会ボランティアセンターの多くが、いわゆる「福祉ボランティア」のみを対象としていたため、災害時のような多様な領域の課題に対応することができないのではないかとの危惧から進められました。その後、特定非営利活動法人（NPO法人）が登場してきたことから、「市民活動（支援）センター」といった名称で、各地の自治体に設置されていきました。[21] このセンターに配属になった行政職員は、直接的にボランティアやNPOの活動支援に携わることになりました。

さらに一部では、市役所業務への市民（ボランティア）参加を推進する動きも出てきました。こうした動きは、アメリカで1970年代に多くの都市で財政危機が顕著になってきたことから、「行政サービスの受け手や消費者と考えられている市民を、サービスの「共同生産」者として捉え直す」という考え方（コープロダクション：共同生産）から生まれました。日本でも自治体の財政難が広がるなか、この考えが紹介されてきたものです。市民（ボランティア）が参加することで、①低コストで多くのサービスを可能にする、②行政サービスの改善が図られるといったメリットがあるといわれる反面、まったく逆の結果になるという指摘もあり、そもそも「ボランティア」をどう捉えるべきかという課題を提起しました。

1999（平成11）年に「横浜市における市民活動との協働に関する基本指針」（横浜コード）がまとめられたのを始まりとして、2000年代中頃には、自治体で「市民（公益）活動推進条例」といった条例が策定されるようになり、さらに「市民活動との協働に関する指針」や「協働推進条例」などが制定されるようになりました。効率的な行財政運営をめざしつつ、多様化する地域課題を解決していくために、行政がいかに市民

20　もちろん、ボランティアに関する行政施策はもっと以前からあった。たとえば、阪神・淡路大震災直後の1995（平成7）年2月3日に、関係省庁による「ボランティア問題に関する関係省庁連絡会議」が設置されたが、この時点ですでにボランティアに関する何らかの施策・予算をもっている省庁が18もあった。

21　設置形態は、官設官営、官設民営、民設民営などさまざまある。

やNPOと協働していくかということが全国の自治体における大きな課題となりました。そしてその一環として、「自治体とNPO（あるいは市民）の協働事業」が盛んに提案あるいは公募されるようになり、より多くの自治体職員が直接的に市民（ボランティア）と接し、ともに事業推進していく立場に立たされることになったのです。

また別の側面としては、行政計画[22]の策定の際に、「市民参加」が重視されるようになってきたことがあります。それも、関係団体の長としての参加だけでなく、市民から広く委員を公募したり、策定プロセスにおいて市民参加のワークショップや懇談会を開催したり、パブリックコメント[23]を募集するなど、多様な取り組みが広がってきました。

さらに近年は、「地域円卓会議」などの名称で、NPOや自治会、学校、地域の商店などを含む企業、それに行政など、さまざまな関係者が集い、地域の課題を共有し、それぞれが役割分担をして、その解決を進めるための協議を進める取り組みも始まっています。

これらの動きでは、特に「ボランティア」という言葉が使われない場合もありますが、主体的な「参加」が進む仕組みやルールを作ることが鍵となるだけに、ボランティアコーディネーションの知見を活かすことが必要です。

【事例H：市役所　広報部署で】

Hさんは、ある市役所の広報部署に勤務しています。その市では、住民の減少（自然減、社会減）が続いていることが大きな課題となっています。そこで、市として"選ばれる都市づくり"をめざし、市の暮らしやすさや魅力を市外に向けて情報発信するという新規事業に取り組むことになりました。Hさんは、その事業を担当することになっています。

しかしHさんは、「この課題意識はひょっとすると行政の思い込みではないか、住民の意識やニーズはどうなのだろう？」と、今一つ確信がもてないでいました。また、市の魅力について部署内で話をしても、ありきたりなことしか出てこず、新規事業の展望が見えない状態です。

そこで、Hさんは、まちづくりや情報発信に取り組む市民グループや自治会などの実践者に、この課題意識について聞いて回ることにしました。その結果、課題意識がずれていないことを確認できたことに加えて、それぞれの市民グループの取り組みは、行政ではできないきめ細や

[22] 自治体の施策の方向性やそれを実現するための具体的な方法・手段を示すもの。総合計画、男女共同参画計画、情報化推進計画、環境計画、文化振興計画、生涯学習推進計画、地域防災計画、地域福祉計画、高齢者保健福祉計画、障害者計画、次世代育成支援行動計画など。

[23] 政府や自治体など公的機関が施策や規則を制定する際に、広く公（＝パブリック）に、意見・情報・改善案など（＝コメント）を求める手続き。

かさや専門性が高いものであることを再認識しました。Hさんは、この市外に向けた「暮らしやすさ情報発信事業」を行政単独の新規事業にするのではなく、既存の市民の力を活かした取り組みにできないかと考えました。

Hさんは、話を聞かせてもらった実践者一人ひとりに行政が取り組もうとしている背景と自分自身の思いを説明し、一同に集まってもらう機会を作りました。そこには、農業支援者、まちづくり実践者、経済団体、産業振興部署、地元新聞記者、ネットテレビ関係者、商工会議所、不動産関係者、教育関係者、ボランティア・市民活動センターのボランティアコーディネーターなどが集いました。それぞれの参加者は形式的に集まったのではなく、Hさんの思いに共感して、それぞれの本業を活かしてどうかかわれるかとの意識をもって積極的に参加しています。参加者全員で課題認識の確認とそれぞれの知見からの背景の分析、分野を超えて今後どうしていくべきかのアイデアづくりなどを行いました。

そのなかから、より市民目線で、まちの暮らしやすさや面白さを発信していく「愉快市民」（自薦）を認定し、まちの広報者が広げる仕組みと動きが生まれました。その後は、さまざまな市民のアイデアが集まるようになり、市民が作る「まちのCM」や「愉快なお店」など、新しい動きが次々に生まれ、続いています。

（6）企業において

多くの企業において、「ボランティア」という言葉が社内で聞かれるようになったのは、1990年代半ば以降です。第1章で紹介したように1990（平成2）年に企業社会貢献の一大ブームが起こり、日本の大企業には次々と社会貢献担当部局が開設されました。また大阪商工会議所が小口の寄付でも助成資金化できる「大阪コミュニティ財団[24]」を創設するなど、中小企業の世界でも社会貢献活動を進める動きが広がりました。この取り組みは、その後の経済不況下においても一定の規模を維持して続けられてきましたが、2003（平成15）年以降、CSR（企業の社会的責任）を問う動きも顕著になり、再び活発に取り組まれるようになってきました。

こうしたなかで、社会貢献活動の一環としてボランティア休暇やボランティア休職といった制度を導入したり、社員向けのボランティア講座の開催、社員が参加しやすいボランティアプログラムの紹介など「社員

[24] 特定の地域（コミュニティ）の社会課題を解決するため、地域の個人や企業などの寄付と課題を解決しようとする市民団体などを仲介する助成組織のこと。一般の助成財団は特定の大企業や資産家が多額の資金を出資して設立されるが、コミュニティ財団の場合、多くの寄付者がそれぞれに関心をもつ課題に対して資金を提供する形態をとっており、中小企業なども参画しやすい。1914年にアメリカで生まれ、日本では1991（平成3）年に大阪商工会議所が開設した後、しばらく設立されてこなかったが、2009（平成21）年に京都地域創造基金が設立されて以降、市民主導型の市民コミュニティ財団が数多く生まれている。

のボランティア活動支援」に取り組む企業も増えてきました。

　しかし、企業内で社員にボランティアを呼びかけることは、そう簡単ではありません。そもそも「なぜボランティアを？」という疑問をもっている社員もたくさんいます。あるいは、「特別の行為」というイメージもまだ残っており、活動への一歩が踏み出せない人も多いのです。だからといって、社長や上司が呼びかけるパターンだと、まるで無給の休日出勤を強制されたような形になってしまう場合もあります。それでは、いわゆる "動員" になってしまいます。

　こうしたことから、企業で社会貢献担当になった人には、「ハードルを低くする」「企業内の資源を活かしたり、企業間のネットワークを活かす」「自社の企業文化に合った独自の活動を生み出していく」「社会の課題と参加者（社員）ニーズの折り合いをつける」などのさまざまな工夫が求められます。

【事例 I ：企業　社会貢献活動推進部署で】

　I さんの勤める企業では、CSR を進めるには社員一人ひとりが市民感覚を大切にしながら働くことが大切だとの考えから、社員のボランティア参加を積極的に支援することになりました。そこで社会貢献室に配属になった I さんは、労働組合と話し合い、ボランティア休暇制度などを整備しました。しかし、せっかく制度が整備されたのに、実際にはボランティア休暇の取得申請はほとんどなく、手応えが感じられない日々が続きました。

　そこで、より積極的なアプローチとして、地域のボランティアセンターの協力を得て、社員が参加しやすそうな活動プログラムを把握し、その情報を社員食堂に掲示することにしました。ボランティア活動は個人の自発的取り組みですから、強制が働いてはいけない。でも、何もしないと状況は変わらない。そこで、社員が活動に参加する際の障害（バリア）の１つである「情報」というハードルを下げようとしたのです。

　ところが、喜んでくれる社員もいたものの、クレームも一件寄せられました。それは食堂を利用していたら隣に上司がやってきて、その上司が活動情報のパネルを見て、「今度の休みに、あのボランティアに参加しようと思っているのだけれど、君はどんな予定？」と聞かれてしまった。そこで、自分は気乗りしなかったのに、上司の手前、「ぜひ、私もお供させてください」と言わざるを得なかった、というのです。「変な

掲示をするから、今度の休みの日がつぶれてしまったじゃないか」。そう言われてＩさんは、会社という場でボランティア活動を進めることの難しさに、あらためて気づかされました。

--⬇--

　Ｉさんは早速、情報収集に協力してもらったボランティアセンターの職員に相談しました。にやつきながら話を聞いていたそのスタッフの答えは、「いや、よくありますね。そういう反応は。でも、ご紹介したプログラムならきっと大丈夫です。休み明けに、その方の感想を聞いてみてください」とのこと。大丈夫かな……と思いつつ、休み明けにその社員に問い合わせてみました。すると……。

　「いや、この前はごめんね。正直、しぶしぶ行ったんだけれど、目からウロコというのは、こういうときに使うんだろうね。行ってみたら、結構、頼りにされてね。自分にこんな力があったんだと、嬉しくなったよ。それに若い学生さんや違う会社の社員さんとも仲良くなって、打ち上げで盛り上がって。次回の参加も約束してしまったよ」と上機嫌です。

　要は参加し甲斐のある、また気づきの多い、そんなプログラムを、活動の現場とボランティアセンターで練り上げていたのです。「そうか、最初の入口が自発的かどうかも大事だけれど、あまり乗り気でない場合も、参加してみて良かったと思ってもらえるプログラムが準備されていたら、次は自発的に参加してくれるんだ！」　そう気づいたＩさんは、その後、活動現場の担当者らと相談して、ボランティア活動の魅力や奥の深さが気づけるようなプログラムづくりに励むようになりました。Ｉさんの今のスローガンは、「自発的参加の呼び水づくり」になっています。

（7）中間支援組織において

　中間支援組織という言葉は、NPOにかかわっている人ならば耳にする機会があると思いますが、一般にはまだなじみがないかもしれません。代表的なものは、ボランティアセンターや市民活動センターなどですが、そうした「センター」だけではなく、中間支援を主たる目的として活動している団体もたくさんあります。

　中間支援組織の定義は、必ずしも明確に定まったものがあるわけではありません。ここでは、「人材・資金・情報などの資源提供者と、それ

らを必要とする NPO [25] や個人との間に位置し、両者がそれぞれのニーズに適合した形でつながることで、目的をより達成しやすくなるように支援する組織」と表しておきます。まさにコーディネーションを行う組織です。ボランティアなどの「人材」だけでなく、「資金」も「情報」も、それをもたらすのは結局 "人" ですから、基盤としてボランティアコーディネーション力が必要であるのは言うまでもありません。

　しかし、現実には、十分なコーディネーション機能が果たせていない中間支援組織もたくさんあります。広報紙発行やウェブサイトによる情報発信、講座やイベントなど、さまざまな事業を行っていても、それらに有機的なつながりがなく単発で終わっていたり、肝心の相談対応が不十分であったりするところもあります。また、相談も表面的な情報提供で終わってしまって、コーディネーションに至っていないケースもあります。ボランティアコーディネーション機能が幅広いものであるように、中間支援組織の働きも単なる「仲介」にとどまるのではなく、双方のニーズ開拓（潜在層の発掘）、エンパワメント、ネットワークづくり、社会課題の発信、問題解決のためのプログラム創出など広がりのあるものです。詳しくは、『ボランティアコーディネーション力２級検定サブテキスト』（日本ボランティアコーディネーター協会）で述べますので、ここでは、ある１つの事例を紹介しておきましょう。

【事例Ｊ：ボランティアセンター　活動希望者からの相談で】

　Ｊさんは、社会福祉協議会のボランティアセンターでボランティアコーディネーターとして働き始めて４年になります。当初は、ボランティアセンターとは名ばかりで、社会福祉協議会事務所の片隅の小さなスペースしかなく、訪れる人はほとんどいませんでした。Ｊさんは、なんとかボランティアやボランティアに関心のある人が自由に来られるようなセンターにできないかと、いつもボランティアグループの人たちや上司に相談していました。

　転機は２年後にやってきました。耐震に問題があった関係で、社会福祉協議会が別の建物に移転することになったのです。これを機に、１階にボランティアセンターの広いスペースが確保されることになりました。今では、グループのミーティングや作業のために、毎日たくさんの

25　ここでいう NPO は、地域コミュニティや施設なども含めた広い概念。

ボランティアが集まるようになっています。

　ボランティアセンターの存在が広く住民に知られるようになるにつれ、さまざまな相談が入ってくるようになりました。最近、Jさんが悩んでいるのは、精神疾患をもつ人からの「ボランティア活動をしたい」という相談が増えていることです。家族や主治医から勧められて連絡してくる人もいます。社会と接点をもつ意味でも「活動に参加してもらえたら……」と思うのですが、実際にはそう簡単なことではありません。

　Jさんは、できる限り面接に時間をかけ、相手がどのようなことをしたいのか、またできそうなのかを見極めようとしました。しかし、もともとコミュニケーションが苦手で対人関係がうまくとれない人、服薬の関係で体調が不安定な人もいるため、なかなか具体的な活動先を紹介するには至りません。

　そこで、Jさんは、まずはボランティアセンター内で行われている活動に参加することから始めてもらうことにしました。センター通信の発送作業、センターの玄関前を彩るプランターでの花づくり、書き損じ葉書のリサイクルによるセンターの資金づくり、被災地の小学校を支援するための小物づくりなど、それぞれボランティアたちが緩やかにグループを作って活動しています。それぞれのリーダーの協力も得ることができました。

　長年、自宅に引きこもっていたという30代の男性は、センター通信の発送作業に月1〜2回参加することになりました。最初の頃は、誰ともしゃべらずに一人で作業をしていましたが、徐々に休憩時間などに会話に加わるようになりました。作業のスピードや他のボランティアとのかかわり方など、リーダーはそれとなく観察しサポートしてくれます。そしてJさんに、面接だけでは分からなかった、その人の得意なことやどの部分をサポートしたらよいかについて教えてくれます。Jさんは、それらを参考に、次にどんな活動に参加できそうか、どのような団体が向いているのかを本人と一緒に考えることができました。

　4か月後、その男性は、自身の関心がある動物保護関係のNPOで、資料整理のボランティアに参加することになりました。

第4節 ▶ ボランティアコーディネーションの視点

前節では、「ボランティアコーディネーションが求められる場」として、7つの場面を取り上げ、さらに10の事例を紹介してきました。事例には、"ボランティアコーディネーション"であると意識して行った場合もあれば、そうでない場合も含まれていました。しかし、いずれの事例も、ボランティアコーディネーションの視点を活かした工夫や展開がなされていました。

では、「ボランティアコーディネーションの視点」とはどのようなものでしょうか？

本節では、まず10の事例からボランティアコーディネーションの視点を洗い出して整理し、さらに、日本ボランティアコーディネーター協会がまとめた「ボランティアコーディネーター基本指針〜求める価値と果たすべき役割〜」について紹介します。

1．事例に見る
　ボランティアコーディネーションの視点

より具体的に考えるために、まず、前節で紹介した10の事例を用いて、10人（A〜Jさん）はどのような「ボランティアコーディネーションの視点」をもとに行動したのかを整理していきます。

【事例A：自治会　マンションの夏祭りで】

視点① 閉じずに新たなものに開いていく

Aさんは、夏祭りにもっと多様な住民層を巻き込みたいと思いました。昨年の夏祭りに参加した住民からは「良かった」と聞いていますし、誰からも昨年とやり方を変えろと言われたわけではありません。しかしAさんには、「一部の人たちだけで閉じてしまわないほうがいいのではないか」との思いがありました。いろいろな人が顔を出し参加できる"開かれた"場にしていきたいと思ったのです。この「閉じずに、開く」という発想は、ボランティアコーディネーションの重要な視点です。家族構成や年齢などがよく似ている人同士は、接点をもちやすく関係を作りやすいのですが、そうでない人たちは、「つながりたい」と思ってもなかなかそのきっかけがありません。いろいろなグループ、いろいろな企画において、自分たちだけで閉じてしまわずに、異なる住民層、新たな人・団体に向けて「開いていく」発想が広がることは、市民

社会づくりのためにとても大切なことです。

視点② 役割を作ることで主体的な参加を引き出す

　少し乱暴な言い方ですが、人は「役に立っていると感じたい」という生き物だといえます。あるいは、「自分の存在の意味を確かめたい」という思いをもっている存在ともいえます。Aさんは、夏祭りに参加しにくい人がどうすれば参加しやすくなるかを考えました。それには、いろいろな方法や企画が考えられると思いますが、今回、Aさんは「何か役割があったほうが、その場に存在しやすいのではないか」という発想から、運営への協力者としての呼びかけをしました。このように「役割を作る」「居場所を作る」ことで主体的参加者を得ていくということも、ボランティアコーディネーションの視点といえます。

【事例B：小地域社会福祉協議会　一人暮らし高齢者ふれ合い会食会で】
視点③ 参加者を「お客さん化」（客体化）しない

　何らかのサービス提供を行うようなボランティア活動の場合、ボランティアとそのサービスを受ける人との間に、なんとなく「してあげる側、してもらう側」という雰囲気が作られてしまうことがあります。あるいは、「提供者と受益者」「主（あるじ）と客」という関係が作られてしまいかねません。

　しかし、両者は同じ"市民"であり、本来、同じ目的をもつ市民同士の出会いであるはずです。制度上のサービスの"受益者"、あるいはサービスを商品として購入した"消費者"とは本質的に異なるのです。たまたま、その場面では何らかのサービスを"提供する側"と"受ける側"であったとしても、ある課題を解決するためにボランティア活動が行われているわけですから、共感を土台に課題解決にともに取り組んでいる仲間といえます。このことについて、大森彌氏は「ボランティア活動によって結ばれる人間関係においては、ボランティア・サービスの送り手も受け手も、共に生き合うという『共同の企て』（コモン・アンダーテイキング）への参加者であると言えないだろうか[26]」と述べています。

　ボランティアも会食会に来る高齢者も、ともに「共同の企て」への参

26　大森彌「住民の『元気』と自治の可能性」高木鉦作編『現代の人権双書12 住民自治の権利 改訂版』法律文化社、1981年

加者と捉える視点が、ボランティアコーディネーションには求められます。双方がともに"主体"なのです。受け身の立場から、自らが"主人公"になっていけるようにエンパワメントしていくことが大切なのです。

視点④　多様な人材を巻き込む・発掘する

Bさんは、「お楽しみコーナー」のために、公民館や近隣大学のサークルに声をかけていきました。自分たちだけで完結するのではなく、他のいろいろな人々の力も活用していく、巻き込んでいく、という発想は、ボランティアコーディネーションのとても重要な視点です。"だめもと"で声をかけていくフットワークが大切なのです。そのときに協力が得られなくても、少なくとも「会食会」の存在は知ってもらえたので、また別の機会に応援してくれるかもしれません。そして、"人財"[27]は、実は身近なところに隠れていたりします。調理ボランティアや参加者である高齢者のなかから"講師"や"発表者"を掘り起こしていくのも、とてもワクワクするものです。

27　「人財」は造語。「人こそ財産」という意味で、「人材」に換えて使われることがある。

視点⑤　共感の連鎖を生み出す

このように、ボランティアがよりボランタリーに動き、「一緒に作り、一緒に楽しむ」雰囲気づくりをしたことにより、当初は受け身的に参加していた高齢者も意欲をもって参加するように変わっていきました。そして、それによって、今度はボランティアの側もさらに意欲が引き出されていきました。まさに、「自発性を励ますものは自発性だ」ということです。

そもそも、会食会に参加している高齢者の皆さんが臆されがちだったのは、ボランティアの支援は気軽に受けにくいと思われがちだということがあります。家族に頼んだり、行政に要求したり、企業のサービスを買うことは楽です。しかし、赤の他人に、権利として求められないことを、謝礼も払わずにサービスを受けるのは辛い場合が多いからです。

しかし、ボランティア自身が、「こんな場を作りたい、こんな時間を過ごしたい」という夢や願いを示すことで、参加者の側の意識も「一緒にそれを実現したい」という共感に変わっていくのではないでしょうか？　そして、参加者の側がさらに夢や願いを表すことで、ボランティアの共感も深まっていきます。このように、「共感」の連鎖が生まれる

ようにすることも、ボランティアコーディネーションの大切な視点といえます。

【事例C：日本語教室で】

視点⑥　自発性の落とし穴に気づく

第1章で見てきたように、ボランティアのそもそもの意味である「自発性」は、多くのアイディアや活力を生み出していく根源ですが、しかしそれがマイナスに働くこともあります。この事例では、「日本語教師の養成講座」修了者のなかに、とても意欲があり自発的なのですが自己主張が強すぎて"押しつけ"になってしまっているという人がいました。「自発的だから」「熱意があるから」といって見過ごすことはできません。このこと以外にも、実は「自発性の落とし穴」はさまざまあります。ボランティアコーディネーションの視点として、こうしたボランティアの弱点にもきちんと気づき、対応していくことが求められます。

視点⑦　それぞれの思いや言い分をしっかり聴く

異なる立場や意見の人を"対等な"関係でつなげるためには、まずは双方の話をじっくり聴かねばなりません。そして、それぞれの立場や背景を想像しながら、理解しようとする姿勢が何より大切なのです。Cさんは、自己主張の強いボランティアのことを困ったと思いつつも、他の古くからのメンバーの「辞めてもらったら」という意見にはすぐに同調しませんでした。そして他のグループの人にも話を聴くなどして、それぞれの"思い"を理解しようとしました。このように、初めから「正しい⇔間違い」という二元論で判断してしまったり決めつけたりせず、まずは「なぜ、そういったことを言うのか」「なぜ、そういった話し方になるのか」を確かめ、それぞれの立場や思いに共感しようとする視点・姿勢がボランティアコーディネーションの要となります。そのプロセスがあってこそ、双方の意見の調整や働きかけが可能になるのです。

【事例D：海外協力のNPO法人で】

視点⑧　より深い参画への流れを作る

企画するより、当日だけ参加するほうが「楽（ラク）」に決まっています。しかし、人間は常に「ラク」を求めているでしょうか？　「ラク」さえできればよい、と思う存在でしょうか？　最初は、よりハードルを

低くして、重い役割やかかわりを求めないほうが多くの人が参加しやすいということは、ボランティアコーディネーションの視点として必要です。しかし、一方で、人間はより深くかかわりたいという欲求ももっています。物理的には大変になったとしても、企画からかかわったほうが達成感や充足感が大きいのです。Ｄさんのように、組織運営や事業活動の企画に、より深く参画したいという人を求めていく姿勢は、ボランティアコーディネーションの視点として大切です。

視点⑨ ボランティアを信じて任せる

　ボランティアに限ったことではありませんが、何かを"任される"ということによって、やりがいや責任感が生まれます。そして、それを通してより深く組織にコミットしていく人が増えていきます。しかし、"任せる"のは勇気がいることでもあります。ついついリーダーやコーディネーター、経験年数の長いボランティアは、経験が浅い人や若いメンバーだけに任せるのを躊躇してしまいがちです。もちろん、とても任せられない相手だったり、まだその段階にはなかったりということもあるでしょう。しかし、一人ひとりの社会づくりへの参加を支えるというボランティアコーディネーションの視点としては、"任せる"タイミングや"任せ方"を常に考えながら活動や仕事をすることが必要でしょう。

【事例Ｅ：小学校　図書ボランティアの活動で】

視点⑩ ビジョンや問題意識を共有する

　何か新しい取り組みを始めようとするとき、どうしても「何をするか」「いつ、やるのか」「誰が」「何人くらい」……など、分かりやすいことを先に考えてしまいがちです。そして、そのことから先に調整を始めてしまったりします。しかし、特にボランティアによる取り組みの場合、「なぜ、やるのか？」「何をめざすのか？」という、"分かりにくい"ことをしっかり話し合っておくことが重要です。なぜなら、ボランティアはアルバイトと違って、組織側が決めた業務をこなしていくという存在ではないからです。しっかりと目的や問題意識のすり合わせをしておかないと、後で双方に「こんなはずではなかった」という不満が生じてしまうことが多いのです。

　Ｅさんは、とんとん拍子にうまくことが運びそうななか、双方が考え

るボランティアの目的にずれが生じていることがちょっと気になって立ち止まりました。その結果、「図書室の手伝いをしたい」と言った人の本当の思いは、「子どもたちに本を読むことの面白さを知ってほしい」ということだったと分かりました。この思いに共感し、目的に照らして「何を、誰が、どのように」取り組んでいくのかを見直していくことができました。

視点⑪ 必要に応じて代弁、翻訳する

　Ｅさんは、活動を希望（提案）した人たちの本当の思いを校長や教頭に伝えました。本人たちだけでは、うまく伝えられたかどうか分かりません。また、Ｅさんは、ボランティアに学校の仕組みや教員の状況などについても説明したところ、「そんなに先生方が忙しいとは知りませんでした。では、お電話するのは○○の時間帯がいいですね」と職員室の状況についても理解が得られました。

　このように、すぐには互いに状況を把握したり理解し合ったりすることが難しい場合、双方の言いたいことや状況について、相手が分かるように代弁したり補足するというのもボランティアコーディネーションの視点です。活動分野の異なる団体間においては、その分野特有の用語や表現について、"翻訳"することが必要なこともあります。互いが対等につながるために、必要に応じて、代弁や補足、翻訳をする人がいることは大変大きな意味をもちます。

【事例Ｆ：高齢者福祉施設　認知症高齢者にかかわる活動で】
視点⑫ 存在や活動の意義を実感できるようにする

　ボランティア活動には、達成感を得やすいもの、相手の表情や感謝の言葉からやりがいを実感しやすいものもありますが、一方で、すぐには成果が見えない、相手の反応が分からないというタイプのものもたくさんあります。この事例では、認知症のある人の増加によって、相手からの直接的なフィードバックが得られないばかりか、活動内容にもトラブルが生じており、ボランティア自身が自分の活動の意義を感じられなくなっていました。精神障害のある人にかかわる活動でも同様のことがよくあります。また、どのような分野であっても、印刷や宛名シール貼りなどの単純作業の場合、その活動の必要性やミッションとの関連が説明されていないと、ボランティアは自分の存在意義が実感できません。

Ｆさんは、施設利用者の状況を見直すことで、具体的なニーズを明らかにし、あらためてボランティアのやる気を引き出すことができました。視点②でも述べましたが、「自分が役に立っている」ということを実感することで、人はさらにパワーアップすることができます。ボランティアが自分の存在や活動の意義が実感できるように、必要に応じて心配りをすることは、ボランティアコーディネーションの重要な視点です。

視点⑬ 当事者のニーズを大切にする

　Ｆさんは、ボランティアの活動内容を見直すにあたって、介護スタッフと話し合い、利用者一人ひとりの具体的なニーズを確認する作業を行いました。ボランティアプログラムの本質は、やはり当事者の“ニーズ”にあります。新たなボランティアプログラムを作るときはもちろん、現状のものを見直す場合も、ニーズに立ち返ることが重要です。

　さらに、Ｆさんはそれをボランティアに投げかけ、ボランティアからも感想や意向を聞きました。このように、関係者みんなのニーズを大切にすることがボランティアコーディネーションには必要です。「（サービス）利用者」「ボランティア」「職員」という三者のニーズや夢が重なったところに、より良いボランティアプログラムが生まれていくのです。

視点⑭ 見えてきた課題を発信する

　ボランティアは活動するなかで、さまざまなことに気づきます。また、スタッフがボランティアの活動を通して新たに気づくこともさまざまあります。この事例では、「認知症」という言葉は知っていても、具体的な対応の仕方はよく知らない人が多いということが浮かび上がりました。そこでＦさんは、認知症のことを知る学習会を企画することにしました。しかも、かかわっているボランティアだけでなく、家族や地域住民にも広く呼びかけることにしました。このように、見えてきた問題を社会に発信していくこともボランティアコーディネーションの重要な視点です。

【事例Ｇ：博物館　展示室ボランティアの活動で】

視点⑮ 豊かなコミュニケーションが生まれるようにする

　ボランティアのイメージは、人によってかなりの違いがあります。また、その動機やかかわり方も人それぞれです。違っていることは悪いこ

とではありませんし、むしろ多様な人が参加することの意義も大きいのですが、他の人も自分と同じだと思い込んでいると、一緒により良い活動を作り上げていくのは難しくなります。だからこそ、互いにどのようなことを思っているのかを知り合えるようにすることは、ボランティアコーディネーションの視点として大切です。Gさんは、オリエンテーションのやり方を一方通行ではなく双方向になるように提案しました。ボランティア同士、さらにはボランティアと職員との間でのコミュニケーションが少しでも豊かになるように工夫することは、本当に重要です。

視点⑯　ボランティアの創意工夫を大切にする

　ボランティアは、本来、施設や職員の"補完"や"お手伝い役"ではありません。もちろん、新しい課題に取り組んでいく時や緊急時には、本来職員がすべきことを代わりに担うということがあるでしょう。また、ボランティアにとっても、"職員のお手伝い"のほうが気楽でやりやすいと感じるかもしれません。しかし、本来のボランティアの長所や魅力が発揮されるためには、自主的・主体的に企画したり活動を作り出していったりすることをめざしたいものです。このボランティアの主体性を大切にするということは、ボランティアコーディネーションの視点として、きわめて重要です。

【事例H：市役所　広報部署で】

視点⑰　枠組みを超える

　Hさんの動きで注目すべきは、まちづくりの関係者だけではなく、市役所内の異なる部署、農業、商業、教育、各種メディア、市民活動など、実に多様な人々に声をかけたことです。これらは、通常の業務や活動ではめったに出会わない人々でしょう。こうした「分野や組織の枠組みを超える」という視点と実行力によって、今までにない動きが展開されていきました。

　有効なボランティアコーディネーションを実践するには、日頃から自分の守備範囲を狭く設定せずに、多彩な人々・組織に関心をもち、情報を集めておくという視点が必要です。

視点⑱　市民の力を信じ、丁寧に関係を紡ぎ出す

　行政と市民との協働を進める際に、まず重要な視点は、「市民の力を

信じる」ことです。もちろん、行政の施策を市民との協働で行うには、情報量の差、意思決定の仕組みの違い、スピード感の相違、予算執行上の制限など、さまざまな困難があります。それを超えるために、「丁寧な関係づくり」が求められるのです。

　Hさんは、最初に一人ひとりに状況を説明し、想いを伝えました。そして、一緒に課題認識を確認し合うところから始めています。時間はかかるかもしれませんが、こうした丁寧なかかわりがあってこそ、市民の力が生きるのだと思います。

【事例Ｉ：企業　社会貢献活動推進部署で】

視点⑲　他のボランティアコーディネーターと連携する

　Ｉさんは、社員がボランティア活動の情報を提供するために、地域のボランティアセンターと連携しました。また、クレームが寄せられて悩んだときも、一人で抱え込まずにボランティアセンターのコーディネーターに相談しています。このように、他機関や団体と連携し協力関係を作っていこうとする視点は重要です。それも、単に情報をもらうだけ、というような“利用するだけ”の関係ではなく、課題や悩みを共有したり、アドバイスをし合ったりするようなネットワークづくりという発想が必要です。そうしたつながりを土台として、より大きな企画を協働して行ったり、社会的な発信をしていくことができるのです。

視点⑳　より魅力あるボランティアプログラムにする

　人が喜んで参加するのは、やはりその活動に魅力があるからでしょう。あるいは、視点②でも述べたように、役割があって参加する甲斐があるからでしょう。いくら必要性を理解しても、また「ボランティアは自発性が大切だ」といっても、活動内容に魅力がなければ、そうそう続くものではありません。大きな企画も、たとえ小さな取り組みであっても、常に少しでも魅力ある内容にしよう、参加し甲斐のある活動にしようとする姿勢や視点はボランティアコーディネーションの重要な柱といえます。

【事例Ｊ：ボランティアセンター　活動希望者からの相談で】

視点㉑　段階を追って参加を支援する

　最近、社会福祉協議会に限らず、精神疾患があったりコミュニケー

ションを取るのが苦手な人からの活動希望の相談が増えています。どのように対応すればよいか、どの組織でも課題になっているのではないでしょうか？

　Ｊさんは、まず、こうした人々の社会参加も応援したいと考えました。かといって、すぐに活動先を紹介することはできません。そこで、まずはセンター内での簡単な活動から始め、一人ひとりのペースや得手不得手を理解し、そこから外部の団体での活動へとつなげていきました。このように、段階を追って参加を支援するということも、ボランティアコーディネーションの大切な視点といえます。参加の階段を１つずつ昇っていけるようなサポートが、これからますます求められると思われます。

視点㉒　多様なかかわり方を可能にする

　視点㉑のような段階を追ったサポートができたのは、ボランティアセンターで多様な活動が存在していたからです。センター通信１つとっても、取材や原稿執筆を行うボランティア活動もあれば、イラストを描いたり校正をしたり、発送作業を手伝うような活動もあります。

　人は、その時々の事情（体力、割ける時間、技能、不安など）によって、参加したくてもできないこともあります。事例Ａにも含まれていましたが、参加のハードルを下げるような短時間のかかわり方や軽微な役割、反対に自分の特技を十分に発揮できるような活動など、さまざまなかかわり方が可能になるようにすることもボランティアコーディネーションの視点として重要です。また、この事例では、ベテランボランティアのサポートが得られたということも大きなポイントでした。そうしたタイプの活動の場面があることも、参加しにくい人の参加を後押しすることにもつながるでしょう。

＊

　以上、10の事例から、22個の「ボランティアコーディネーションの視点」を抽出してきました。もちろん、これらがボランティアコーディネーションの視点のすべてを網羅しているわけではありませんが、第２節で紹介した「ボランティアコーディネーションの機能」と併せて、理解が深まったのではないでしょうか？

　第２節では、市民社会づくりにおけるボランティアコーディネーションの役割として、「人々の『参加』の意欲を高める」「人々がともに社会

● **人々の「参加」の意欲を高める**

　　視点①　閉じずに新たなものに開いていく

　　視点②　役割を作ることで主体的な参加を引き出す

　　視点⑧　より深い参画への流れを作る

　　視点⑨　ボランティアを信じて任せる

　　視点⑫　存在や活動の意義を実感できるようにする

　　視点⑯　ボランティアの創意工夫を大切にする

　　視点⑳　より魅力あるボランティアプログラムにする

　　視点㉑　段階を追って参加を支援する

　　視点㉒　多様なかかわり方を可能にする

● **人々がともに社会課題に取り組むことを支える**

　　・異なる立場の人や組織間で対等な関係を作り出す

　　・異なる立場の人や組織がつながることで総合力や新たな

　　解決力を生み出す

　　視点③　参加者を「お客さん化」（客体化）しない

　　視点④　多様な人材を巻き込む・発掘する

　　視点⑤　共感の連鎖を生み出す

　　視点⑥　自発性の落とし穴に気づく

　　視点⑦　それぞれの思いや言い分をしっかり聴く

　　視点⑩　ビジョンや問題意識を共有する

　　視点⑪　必要に応じて代弁、翻訳する

　　視点⑬　当事者のニーズを大切にする

　　視点⑮　豊かなコミュニケーションが生まれるようにする

　　視点⑰　枠組みを超える

　　視点⑱　市民の力を信じ、丁寧に関係を紡ぎ出す

　　視点⑲　他のボランティアコーディネーターと連携する

● **活動を通して気づいた問題をともに伝え広げる（問題の社会化）**

　　視点⑭　見えてきた課題を発信する

課題に取り組むことを支える（異なる立場の人や組織間で対等な関係を作り出す。異なる立場の人や組織がつながることで総合力や新たな解決

力を生み出す）」「活動を通して気づいた問題をともに伝え広げる（問題の社会化）」の３つをあげました。この３つにあてはめて、22の視点を整理しておきます。

２．「ボランティアコーディネーター基本指針 ～追求する価値と果たすべき役割～」

　事例に登場した10人（A～Jさん）には、ボランティアコーディネーションを仕事として行っている人もいれば、住民あるいはボランティアとして必要なときに実践している人もいました。仕事として行っているか否かにかかわりなく、その事例から読み取れるボランティアコーディネーションの視点について整理してきました。

　ここからは、ボランティアコーディネーションを仕事として実践する人（ボランティアコーディネーター）を念頭に置いて、より体系的に整理した指針を紹介していくことにします。

　日本ボランティアコーディネーター協会（JVCA）は、2004（平成16）年に「ボランティアコーディネーター基本指針～追求する価値と果たすべき役割～」（以下、「基本指針」）を発表しました。これは、ボランティアコーディネーターに必要な価値観やコーディネーションの視点について、活動する分野や立場を超えて共通する要素を明らかにしようと取り組まれたものです。教育、福祉、医療、環境、国際交流、海外協力、行政、企業など多様な分野でボランティアコーディネーションに携わるメンバーが議論を重ね、足掛け２年をかけて完成させました。

（１）作成の背景と経緯

　この「基本指針」を作成した背景には、日本において「ボランティアコーディネーター」に関する社会的な認知がなかなか広がらないという実情がありました。組織のなかでの位置づけがあいまいであったり、役割が理解されていなかったりという現状があります。また一方では、ボランティアコーディネーターという言葉が、その本質とは異なった形で安易に使用される傾向も見られるようになってきました。

　2001（平成13）年に設立されたJVCAは、「ボランティアコーディネーターの専門的な役割を確立する」ことを目標に活動をしてきました。次節で全体像を整理しますが、ボランティアコーディネーションに

かかわる人はさまざまです。そのなかで、ボランティアコーディネーションを仕事として実践する人（ボランティアコーディネーター）には、一定の専門性が必要です。そこで、その理解を広げるために、ボランティアコーディネーターがもつ専門性（価値、知識、技能）の中身を明確にし、基本的な指針として明文化することが必要と考えられたのです。"明文化"については、そうすることによって、ボランティアコーディネーションに携わっている人たちの意識や仕事を狭い枠に閉じ込めることにならないかと危惧する声もありました。しかし、「ボランティアコーディネーターの専門性を明確にし、社会的な認知を進めていく」ためには、この作業は必要不可欠なステップだといえます。

（2）あらゆる分野に共通の"追求する価値"と"果たすべき役割"

それまでボランティアコーディネーターの研修体系や業務マニュアルづくりは、分野あるいは組織のタイプ別に取り組まれてきました。たしかに、社会福祉施設と国際交流団体、あるいはボランティアセンターと博物館とでは、その業務内容や必要な知識・情報に大きな違いがあります。したがって、こうした「指針」も分野別に作成したほうがより現場にマッチしたものができるのではないかという意見もありました。

しかしJVCAでは、あらゆる分野のボランティアコーディネーターが共通して追求する価値と果たすべき役割があると考えています。もつべき知識や技能については、専門性が高まるほど分野や機能による個別性が出てくるものと思われます。しかし、まずは分野を超えて共有できる（提示できる）ものを明らかにしないと、社会全体のなかでの「ボランティアコーディネーターの専門的役割」への理解と認知が広がるとは思えません。そこで、前述したような多様な分野のメンバーによる共同作業が行われたのです。

この多様な分野のメンバーによる共同作業は、実際には大変なことでした。ある分野では当たり前に使っている言葉が、異なる分野のメンバーには伝わらなかったり、何気なく用いた言葉が、別の人にはまったく違う意味に受け取られてしまったりして、そのつど、もつれた糸を丁寧にほぐして共通理解を得ていく時間と労力が求められました。メンバー全員が、あらためてボランティアや市民活動の世界においても"分野の壁"や"縦割り状態"があったことに気づかされました。

この作業を通じて、異なる分野・立場の人々が協働するために、いかに「言葉」が重要であるかということが分かりました。それは、たとえ同じ職場のなかであってもいえることでしょう。相手に伝わる言葉で、自分（コーディネーター）の役割や存在意義を伝えていくことができなければなりません。この「基本指針」をまとめていくプロセス自体が、まさに"コーディネーション"そのものであったといえます。

（3）４つの視点

当初は、「ボランティアコーディネーターの専門的役割を理解してもらうには」という問題意識から始まっていますので、「ボランティアをどう捉えるべきか」「必要な知識は何か」「ボランティアコーディネーションとは何をすることか」「どのような技能を身につけるべきか」といったことに議論が集中しました。しかし、その中身を話し合えば話し合うほど、「何のためにボランティアを呼びかけるのか」「何をめざしてボランティアコーディネーションを行うのか」という原点の議論になっていきました。すなわち、私たちは「どのような社会を作っていきたいのか」ということです。

こうしたプロセスを経て、「基本指針」を以下の４つの視点で表していくことになりました。そして、この４つの視点に、それぞれ＜大切な10の要素＞が掲げられました。

① 「どのような社会をめざすのか」
② 「どのようにボランティアを捉えるのか」
③ 「どのようにボランティアに向き合うのか」
④ 「どのようなボランティアコーディネーションを行うのか」

この「基本指針」によって、特に仕事（業務）としてボランティアコーディネーションを担っている人々が、自らの"仕事"の礎になっている考え方をあらためて確認することができ、さらにこの４つの基本的な問いを常に念頭に置きながら仕事をすることで、自分自身の（職場の）業務を見直し改善することにつながるのではないかと思われます。たとえば、「上司に説明する業務指針や資料がほしい」「自分の役割を他のスタッフに理解してもらいたい」「誰でもできる仕事と誤解され、すぐ異動させられてしまう」といった悩みをもっているコーディネーターは多いと思いますが、そのようなときに理解を得るための基本資料として使えるのではないでしょうか？

仕事としてボランティアコーディネーションを行っていない人の場合は、③と④の内容については、表現がしっくりこないものもあるかもしれませんが、①と②については、ぜひ共有していきたいものです。また、現在、ボランティアコーディネーションにかかわりのない人たちにとっても、このように簡潔な表現で価値と役割について文章化することで、ボランティアコーディネーターの重要性や意義を知ってもらえるのではないかと思われます。

　以下、4つの視点と40の要素を、視点ごとに紹介しておきます。より詳細な解説は、JVCA発行のブックレット『ボランティアコーディネーター基本指針～追求する価値と果たすべき役割～』を参照してください。[28]

28　日本ボランティアコーディネーター協会編『JVCA ブックレット2　ボランティアコーディネーター基本指針～追求する価値と果たすべき役割～』日本ボランティアコーディネーター協会、2006年

［1］ どのような社会をめざすのか

　ボランティアコーディネーターは、なぜ、人々に社会参加を呼びかけるのでしょうか？

　なぜ、ボランティアや市民活動団体を支援するのでしょうか？また、組織やプロジェクトへのボランティアの参加を促し、目標に向かってともに活動しようとするのでしょうか？

　それは、多くの人々の参加と行動によって実現していきたい"社会像"があるからです。

　一人ひとりの"市民"が自らもつ力を発揮し合ってこそ実現できる社会、恒常的に改革を続ける社会、それを「市民社会」という言葉で言い表してもよいかもしれません。

　どのような社会をめざすのでしょうか？　私たちがめざす「市民社会」の要素を表します。

1－①　一人ひとりの自由な意見、自分らしい生き方が尊重される社会

1－②　一人ひとりが自分の力を活かせる社会

1－③　一人ひとりの「弱さ」を分かち合える社会

1－④　一人ひとりが役割をもち対等な関係で働ける社会

1－⑤　多様な文化を認め合えるグローバルな社会

1－⑥　人々が協同（協働）して社会課題の解決に取り組む社会

1－⑦　人々が自由に社会づくりに参画できる社会

1－⑧　結果のみでなく、決めるプロセスを大切にする社会

1－⑨　効率のみを優先させるのではなく、豊かな人間関係を作り出す社会

1－⑩　自然環境を守り、命を受け継ぐことのできる持続可能な社会

［2］ どのようにボランティアを捉えるのか

　ボランティアコーディネーターにとって何より重要なことは、ボランティアおよびボランティア活動の本質をどのように理解するかということです。

　ボランティア活動は、一般的に「自発性」「連帯性」「無償性」な

どという言葉で説明されますが、コーディネーターがボランティア活動をどのように捉えているのかは、日常のコーディネーションのあり方と質を左右する重要な要素です。ボランティアに対する私たちの認識を具体的に表します。

2－① ボランティアは「市民社会」を構築する重要な担い手である。

2－② ボランティアは自分の意志で始める。

2－③ ボランティアは自分の関心のある活動を自由に選べる。

2－④ ボランティアは活動に対して責任をもちその役割を果たす。

2－⑤ ボランティアは共感を活動のエネルギーにする。

2－⑥ ボランティアは金銭によらないやりがいと成果を求める。

2－⑦ ボランティアは活動を通して自らの新たな可能性を見出す。

2－⑧ ボランティアは活動を通して異なる社会の文化を理解する。

2－⑨ ボランティアは活動に新しい視点や提案を示し行動する。

2－⑩ ボランティアは安価な労働力ではなく、無限の創造力である。

［3］どのようにボランティアに向き合うのか

ボランティアコーディネーターは、ボランティアや活動を希望する人たちを、いかに支援し、協働することが必要なのでしょうか？どのようなスタンスでボランティアと向き合い、かかわりをもつべきなのでしょうか？

ボランティアコーディネーターがボランティアと向き合う基本を具体的に表します。

3－① ボランティアの意志を確認し、希望を尊重する。

3－② ボランティア一人ひとりの経験や関心、活動動機を尊重する。

3-③　ボランティア一人ひとりのなかにある力や可能性を信じる。

3-④　ボランティアに共感する気持ちを大切にする。

3-⑤　ボランティアの多様な意見や考え方を受容し、活かす姿勢をもつ。

3-⑥　ボランティアとコーディネーターは対等であるという自覚をもつ。

3-⑦　ボランティアとコーディネーターの役割の違いを認識する。

3-⑧　豊富な情報、社会資源のネットワークを用意しておく。

3-⑨　ボランティアが新たな課題や活動に挑戦することを応援する。

3-⑩　ボランティアと課題を共有し、ともに考える姿勢をもつ。

[4] どのようなボランティアコーディネーションを行うのか

　ボランティアコーディネーションとは、どのような視点をもって、どのようなことが行われるべきなのでしょうか？

　ボランティアコーディネーターの役割と専門性について理解してもらうために、ボランティアコーディネーションとは何かを具体的に表します。

4-①　ボランティアが活動を通して、"市民"として成熟していくプロセスを大切にし、それを支える。

4-②　ボランティアの動機やニーズ、得意分野などを丁寧に聴き、活動の選択に役立つ情報や資源を提供する。

4-③　ボランティアコーディネーター自身がビジョンや社会観をもち、ボランティアや関係者に対して分かりやすく発信する。

4-④　人と人、人と組織を対等につなぎ、一方的な人間関係や上下関係などが生じないように調整を図る。

4-⑤　ボランティアの力が活かされるような環境を作り、

活動への意欲が高まるような工夫をする。

4－⑥　個々の活動、それぞれの団体の発展にとどまらず、他者と協同（協働）する意義に着目し、ネットワークづくりを推進する。

4－⑦　ボランティア同士が問題意識を共有する場を作り、双方向の議論によって互いに学び、新たな課題の発見につなげる。

4－⑧　ボランティアを社会づくりや組織活動・運営の重要な構成員として認識し、活動の企画や実施、評価に参加できる仕組みを作る。

4－⑨　ボランティアの問題提起や提案を広く受け止め、解決に向けてともに活動（プログラム）を開発する。

4－⑩　困難な課題を社会に開き、多様な人々が出会い、話し合う場を作ることによって、より良い社会の創造に向かう。

　第3節と第4節では、さまざまなフィールドでいろいろな立場の人が「ボランティアコーディネーション」の考え方や知識、スキルを活用している事例を見てきました。そのなかには、地域活動をしている住民もいれば、NPOスタッフ、施設職員、自治体職員、企業社員もいました。また、「ボランティアコーディネーション」を主たる仕事にしている人もいれば、活動の一部で行っている人もいました。本節では、まず、これらボランティアコーディネーションにかかわる人々について整理します。さらに、ボランティアコーディネーションを仕事（業務）として行っている「ボランティアコーディネーター」について見ていくことにします。

1．ボランティアコーディネーションにかかわる人の全体像

　まず、第3節で紹介した10の事例に登場した10人について振り返ってみましょう。

　Ａさん（自治会役員）、Ｂさん（民生委員）、Ｃさん（日本語教室ボランティア）の3人は、住民の立場で、あるいはボランティアとしての実践でした。それに対して、Ｄさん（NPO職員）、Ｅさん（小学校教員）、Ｆさん（福祉施設職員）、Ｇさん（博物館非常勤職員）、Ｈさん（自治体職員）、Ｉさん（企業社員）、Ｊさん（ボランティアセンター職員）の7人は、自分の職場において「仕事」の一環としての実践でした。

　「仕事」の一環といってもさまざまです。このうち、Ｊさんのみが「ボランティアコーディネーション」を主たる業務（専任）とする正規職員です。Ｇさんの場合は、専任ですが非常勤職員です。ＤさんとＦさんは正規職員ですが、他の業務との兼務でボランティアコーディネーションも担当している立場です。Ｅさん、Ｈさん、Ｉさんの場合は、仕事のなかの一部分でのボランティアコーディネーション実践です。

　このように、「ボランティアコーディネーション」には、実にさまざまな分野、立場でのかかわり方があるのです。これらを整理したのが図2－2です。

　ここでは、横軸に「仕事（業務）としての実践度」（住民やボランティアの立場なのか、仕事・業務としてなのか）、縦軸に「ボランティ

図2-2 ボランティアコーディネーションにかかわる人

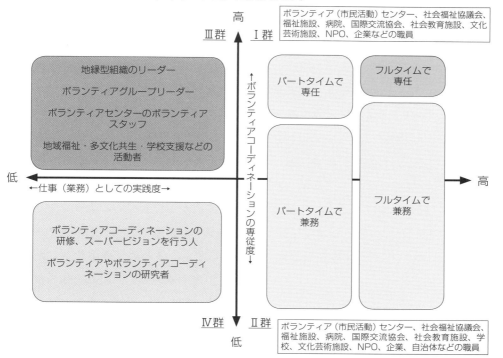

アコーディネーションの専従度」（どの程度、ボランティアコーディネーションに携わっているのか）を置き、「ボランティアコーディネーションへのかかわり方」をⅠ～Ⅳ群の4つのパターンに分けて示しました。以下、それぞれの群を表す名称をつけてみました。

 Ⅰ群 「仕事（業務）としてのボランティアコーディネーション」

 Ⅱ群 「仕事（業務）の一部としてのボランティアコーディネーション」

 Ⅲ群 「活動のなかでのボランティアコーディネーション」

 Ⅳ群 「ボランティアコーディネーションを支え強化する役割」

（1）仕事（業務）としてのボランティアコーディネーション（Ⅰ群）

　【Ⅰ群】は、「ボランティアコーディネーションを仕事にしている人々」と言い換えてもよいでしょう。特に【フルタイムで専任】【パートタイムで専任】という人は、「ボランティアコーディネーションをするために雇われた人」ということになります。職場での呼称はさまざまかもしれませんが、職種でいえば「ボランティアコーディネーター」で

す。たとえば、社会福祉協議会や大学内に設置されたボランティアセンターの職員、病院・福祉施設・博物館などで他の業務との兼務ではなくボランティアコーディネーションを主たる役割として採用されている職員などです。先述の事例では、Ｊさん（ボランティアセンター職員）とＧさん（博物館非常勤職員）がこのカテゴリーに入ります。

　日本では、まだ専門職としてのボランティアコーディネーターの認知が広がっていないので、【フルタイムで専任】という人は多くはありません。しかし、組織におけるボランティアやコーディネーション機能の重要性が実感されるにしたがって、ボランティアコーディネーターの配置が必要であるという認識は、徐々に広がってきているようです。ここで重要なのは、その組織のなかでのボランティアコーディネーターの位置づけです。「専任」で雇われたとしても、きわめて矮小化されたボランティアコーディネーション業務を担当するのみで、組織全体のボランティアに関する方針づくりや意思決定に関与する立場や権限が与えられていないと、より充実したボランティアコーディネーションを実践することはできません。

　次に、【フルタイムで兼務】【パートタイムで兼務】は、もともと「ボランティアコーディネーションをするために雇われた」というわけではありませんが、自分の役割・業務のある部分でボランティアコーディネーションを行っているという人たちです。他の業務とボランティアコーディネーション業務との割合は、組織や人によってさまざまです。【Ｉ群】の場合は、比較的ボランティアコーディネーション業務の割合も大きい人たちということになります。先に、【フルタイム専任】の例として社会福祉協議会ボランティアセンターをあげましたが、実際には他の業務との兼務でボランティアセンターを担当している人もたくさんいます。第３節で紹介した事例のなかでは、介護主任とボランティア担当を兼務していたＦさん（福祉施設職員）がこれに該当します。

　「兼務」の場合、「もっとボランティアコーディネーション業務に時間と労力をかけたいのだが、他の業務に追われてなかなかうまくいかない」という悩みをもっている人が多いです。

（2）仕事（業務）の一部としての
　　ボランティアコーディネーション（Ⅱ群）

　【Ⅱ群】も、ボランティアコーディネーションを仕事（業務）として

行っている人々です。ただ、【Ⅰ群】よりボランティアコーディネーションの「専従度」は低くなっています。同じ【フルタイムで兼務】【パートタイムで兼務】でも、【Ⅱ群】になると、仕事（業務）のなかでボランティアコーディネーションの占める割合はかなり小さくなります。たとえば、病院で看護師長や事務長がボランティアの窓口も担っている場合や、博物館の学芸員が自分の担当事業にかかわるボランティアだけに対応する場合、NPO法人で職員が1人しかいない場合、あらゆる事務局業務を行いつつ、ボランティアコーディネーションも行っている場合などです。したがって、【Ⅱ群】では、「ボランティアコーディネーター」と呼んでも違和感がない人もいれば、どうもしっくり来ないという場合もあるでしょう。第3節の事例では、Dさん（NPO法人）、Eさん（小学校）、Hさん（市役所）、Iさん（企業）が該当します。

他の業務との「兼務」の場合、上述したように、思うようにボランティアコーディネーション業務に時間を割けないという悩みがありますが、一方で、「兼務」の利点が発揮されることもあります。たとえば、規模が大きい組織の場合、管理職のような立場にある人がボランティア担当も行うことで、組織全体でボランティアの位置づけを検討し直したり、ボランティアコーディネーションのシステムづくりを行ったりすることが促進されたといった例もあります。いずれにしても、担当する人が「ボランティア」と「ボランティアコーディネーション」の視点や概念について、きちんと理解していることが大前提になります。

なお、【Ⅰ群】と【Ⅱ群】では、「仕事（業務）として」という表現を使っていますが、これは必ずしも「有給職員」のみに限定しているわけではありません。たとえば小規模なNPOの場合など、組織としては仕事（業務）であっても、スタッフ自体は限りなく無給に近い状態ということがあるかもしれません。したがって、有給無給というより、「組織内できちんと位置づけられた役割を恒常的に担っている人」といえるでしょう。

（3）活動のなかでのボランティアコーディネーション（Ⅲ群）

【Ⅲ群】は、ボランティアコーディネーションについて「仕事（業務）としての実践度」は低いが、「専従度」は比較的高いという人々です。つまり、仕事として「ボランティアコーディネーション」を行うのではなく、地域活動やボランティア活動、NPO活動のなかで実践している

人々です。もちろん、その実践の頻度や関与度はさまざまです。なかには、限りなく「仕事（業務）」に近いような立場の人もいるでしょう。

第3節の事例では、Aさん（自治会）、Bさん（民生委員）、Cさん（ボランティアグループ）が【Ⅲ群】に入ります。これ以外にも、最近は、地域活性化、地域福祉、多文化共生、地域の教育力や文化創造、地域スポーツなどの推進が重要視されていることから、さまざまな活動のなかでのボランティアコーディネーションの実践は、これからますます広がっていくと思われます。

しかし、事例でもそうでしたが、【Ⅲ群】では、必ずしもすべてが「ボランティアコーディネーションを行う」と意識して実践されるわけではありません。しかし、地域の課題や活動上で生じた問題をどのように捉えるのか、その解決に向けてどれだけ柔軟に多様な人を巻き込み、協働していけるのかは大きな鍵になります。今後、この【Ⅲ群】で活躍する人々が、より幅広くボランティアコーディネーション力を身につけていくことが、これからのまちづくりにとって重要と思われます。

（4）ボランティアコーディネーションを支え強化する役割（Ⅳ群）

【Ⅳ群】は、「仕事（業務）としての実践度」も「専従度」も低い、すなわちボランティアコーディネーションを直接行っているわけではないが、かかわりがあるという人たちです。具体的には、ボランティアコーディネーターのOB・OGや研究者が現役コーディネーターのスーパービジョンを行ったり、研修講師になったりする場合です。また、きわめて間接的ではありますが、ボランティアやボランティアコーディネーションに関する研究を行っている場合も、かかわりがあるといってよいでしょう。より多くの人がボランティアコーディネーション力を身につけていくために、【Ⅳ群】の人々の存在もとても重要です。

2．仕事としてボランティアコーディネーションを行う人（ボランティアコーディネーター）

さて、ここで、「ボランティアコーディネーター」について考えてみることにします。「ボランティアコーディネーションを行っている人は、皆ボランティアコーディネーターだ」とする考え方もありますが、それ

では、特に"専門職としての配置"が必要な場合の組織での位置づけが分かりにくくなってしまいます。ボランティアコーディネーターという呼称を整理しないまま使ってしまうと、組織内にきちんと配置しようとするときにも、「誰でもいい、誰にでもすぐにできる仕事」と誤解されてしまいかねません。

そこで、日本ボランティアコーディネーター協会（JVCA）では、組織において、「仕事としてボランティアコーディネーションの役割を担っている人」のことを「ボランティアコーディネーター」と呼ぶことにしています。図2-2（149頁）でいうと、【Ⅰ群】と【Ⅱ群】にあたる人々です。ただ、すでに述べたように、特に【Ⅱ群】のなかでは、「ボランティアコーディネーター」という呼称がしっくり来ないという人もいるでしょう。そういう人たちに無理やり名づけるということではなく、ここでは考え方の整理をしておきたいと思います。

ボランティアコーディネーションの定義と合わせると、ボランティアコーディネーターとは、以下のように表すことができるでしょう。

> ボランティアコーディネーターとは、ボランティア活動を理解してその意義を認め、その活動のプロセスで多様な人や組織が対等な関係でつながり、新たな力を生み出せるように調整することにより、一人ひとりが市民社会づくりに参加することを可能にするというボランティアコーディネーションの役割を、仕事として担っている人材（スタッフ）のことをいう。

「ボランティアコーディネーション」の意義や機能（働き）については、これまで見てきた通りです。では、それを「仕事として担う」とはいったいどういうことでしょうか？

住民としての活動やボランティア活動としてではなく"仕事として"といった場合、当然、その働きによって賃金を得るということが前提になります。ただ、この点については、少し柔軟に捉えたほうがよいでしょう。なぜなら、先にも少しふれましたが、財政力が弱くて有給スタッフを確保できないようなNPOであっても、組織として特定スタッフによってかなり専門性の高いボランティアコーディネーションが行われている場合がありますし、施設内で結成されたボランティア組織の代表者が職員とも連携しながらしっかりとコーディネーションを行っているという場合（その場合も、施設職員側へのボランティアコーディネー

ター設置のは必要）もあるからです。これらの場合は無給ですが、組織内で位置づけられた役割なので「業務＝仕事」に近いといえ、ボランティアコーディネーターの範疇に入れてもいいように思われます。

　賃金を得るということ以外に、「仕事として担う」という意味は、"必要な機能（働き）を実践できる" こと、"意図的・計画的に行う" こと、"結果を出す" こと、そして "組織として一定の水準が求められる" ことなどが含まれるでしょう。

　第2節で、ボランティアコーディネーションの機能として、7つの機能をあげました。すなわち、「個別機能」として、①人々の活動や組織への参加・参画を促進する、②人と人とのつながりを生み出す、③モノ・サービスを組み合わせる、④組織内の人や部署の役割を調整する、⑤異なる組織間の協働を実現する、の5つ。さらに「基盤となる機能」として、⑥対等な関係を作り出す、⑦総合力や新たな解決力を生み出す、の2つです。このうち、「基盤となる機能」は全体的に不可欠ですが、「個別機能」の5つは、ボランティアコーディネーションが行われる分野や状況、実践する人の立場によって、どれが必要か、あるいは何が中心となるか違いがあります。住民の立場やボランティア、また仕事（業務）としての実践度が低い人々の場合は、必ずしも5つすべての実践が求められるわけではなく、自分の得意な部分やその時々の関心で選ぶことができます。

　しかし、"仕事として担う" 場合は、基本的にすべての機能を（必要に応じて）実践できることが求められます。もちろん、分野や組織のタイプなどによって使わない機能もあるかもしれませんが、状況が変われば（必要になれば）実践できる・実践していく、ということが前提です。

　仕事としてボランティアコーディネーションを担う「ボランティアコーディネーター」の場合は、

　①　市民社会のあり方やボランティアの価値についての理解

　②　ボランティアおよび社会課題をめぐる幅広い知識

　③　プログラムづくりや広報、相談、調整などの具体的で高い技能
が求められます。すなわち「専門性」を必要とする職、「専門職」[29]ということです。日本では、専門職としてのボランティアコーディネーターの認知および配置はまだ広がっていませんが、イギリス、アメリカ、オーストラリア、カナダなど古くからボランティア活動が活発な国で

は、専門職としての一定の評価がなされています。[30]

　日本において、今後「ボランティアコーディネーター」の専門性向上と、その社会的認知を獲得していくことは、市民社会創造のうえでも、とても重要なことであるといえます。

29　専門職を厳密に定義すると、以下の４つの条件が必要といわれる（①少なくとも５年の教育やトレーニングを要する、②その職業に就くための審査がある（資格、サービスの質、料金、規律）、③倫理綱領がある、④学会が毎年ある）。これにあてはめると、ボランティアコーディネーターは専門職とは呼べないが、ここでは「専門性が必要な仕事」という緩やかな意味で使っている。

30　妻鹿ふみ子「ボランティアコーディネーターの社会的認知獲得〜先行事例としての英米の認定の取り組みからの考察〜」日本ボランティアコーディネーター協会編『ボランティアコーディネーター白書2005・2006年版』大阪ボランティア協会、2006年を参照。

ここまで、ボランティアコーディネーションの機能や視点について見てきました。また、具体的な働き方としては、ボランティアコーディネーションが実践されたさまざまな事例を紹介しました。しかしそれらは、ある特定の場面であったり、全体のなかのある一部分の実践を切り取ったりしたものでした。

そこで、本節では、よりトータルにボランティアコーディネーターの役割について見ていくことにします。

1．ボランティアコーディネーターの役割

第5節で整理したように、ボランティアコーディネーションにかかわる人のなかには、自分の活動のなかで必要なときに部分的にボランティアコーディネーションを実践する人と、日常的に決まった役割としてボランティアコーディネーションを遂行すべき人がいます。そのどちらにおいても、ボランティアコーディネーション力の向上が求められるのは同じなのですが、後者の場合は、もう少し総合的、体系的にその「役割」を整理していく必要があります。

「役割」といった場合、それを担う"人"の存在が前提となります。そして、その"人"とは、その場限りや部分的なかかわりというより、ある程度、継続してトータルにボランティアコーディネーションを担うことが想定されます。そこで、本節では、「仕事としてボランティアコーディネーションの役割を担っている人」、すなわち本書で「ボランティアコーディネーター」と呼ぶ人々を念頭において、その役割の全体像を見ていくことにします。149頁の図2－2「ボランティアコーディネーションにかかわる人」のⅠ群とⅡ群にあたる人たちをイメージしてください。

仕事としてボランティアコーディネーションが実践されるという場合、具体的な実務はボランティアコーディネーターが所属する組織のタイプや活動分野によって少し違ってきます。たとえば、福祉施設や博物館などでボランティアを受け入れる際の実務と、ボランティアセンターや市民活動センターで行われる実務は少し違いがあります。これらの「実務」については終章および、「ボランティアコーディネーション力2級検定」のサブテキストで詳しく紹介していきます。ここでは、ボラン

図2-3　ボランティアコーディネーターの8つの役割

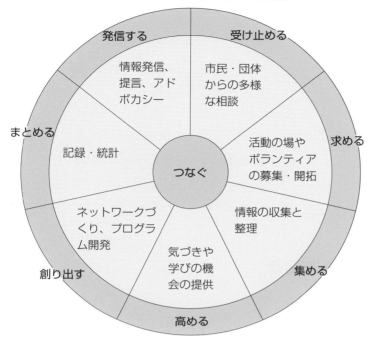

出典：筒井のり子『ボランティア・テキストシリーズ7　ボランティア・コーディネーター――その理論と実際』大阪ボランティア協会、1990年

ティアコーディネーターが所属する組織のタイプにかかわりなく共通する役割を整理します。

　ボランティアコーディネーターに共通して求められる役割としては、基本的に次の8つをあげることができます。

① **受け止める**　市民・団体からの多様な相談の受け止め
② **求める**　　　活動の場やボランティアの募集・開拓
③ **集める**　　　情報の収集と整理
④ **つなぐ**　　　調整や紹介
⑤ **高める**　　　気づきや学びの機会の提供
⑥ **創り出す**　　新たなネットワークづくりやプログラム開発
⑦ **まとめる**　　記録・統計
⑧ **発信する**　　情報発信、提言、アドボカシー

このように8つ並べて書きましたが、実際には、これらは互いに関連し合っています。特に「つなぐ」は残り7つすべての役割の中心に位置づけられるものです。これらを表したのが図2-3です。第2節で、市民社会づくりにおけるボランティアコーディネーションの役割として、

「人々の『参加』の意欲を高める」「人々がともに社会課題に取り組むことを支える（異なる立場の人や組織間で対等な関係を作り出す。異なる立場の人や組織がつながることで総合力や新たな解決力を生み出す）」「活動を通して気づいた問題をともに伝え広げる（問題の社会化）」の3つをあげましたが、それを可能にすることをめざして、これら8つの役割を総合的に行っていくのです。

　以下、8つの役割について1つずつ解説していきます。ただし、「業務」としての詳細な手順や技法は、分野や所属組織のタイプによっても異なってきますので、本書ではあまり詳しくはふれていません。基本の考え方を中心に、若干の具体例をあげながら見ていくことにします。

2．8つの役割

（1）受け止める

　第4節の「ボランティアコーディネーションの視点」からも分かるように、ボランティアコーディネーションの原点は、「人間一人ひとりを大切にする」ということにあります。一人ひとりの存在を大切にする（排除しない）、一人ひとりの感性や意見を尊重する、一人ひとりの参加を重視する、という価値を土台にしています。

　したがって、ボランティアコーディネーターの役割として、まず、市民一人ひとりの声をしっかりと「受け止める」ことがあげられます。「受ける」ではなく、あえて「受け止める」としているのは、単に“他からの作用を身に受ける”だけではなく、“外からの働きかけを受けて、それに対応する、取り組む”という意味を込めています。受け流したり安易に他へ回したりするのではなく、文字通り、そこでいったん“止める”ということです。こういう気概こそが、専門性といわれるものにつながるのです。時々、スムーズな相談対応とは、いかに速やかに他機関や団体へ振っていくか、であるかのように誤解されることがありますが、少なくとも、ボランティアコーディネーターの仕事の仕方はそうであってはいけません。

　では、「何を受け止めるか」ですが、これには3つの側面があります。
　1つ目は、**「思い」の受け止め**です。第1章で見てきたように、ボランティアの最も中核的なキー概念は“自発性”です。ボランティア活動は、本来、誰かに命令されて行うものではありませんから、何らかの

「思い」がないと始まりませんし、続けることは難しいのです。また、一人ひとりの「思い」がしっかりあってこそ、住民組織やボランティアの集まり、NPO、施設などがより良く機能していくのです。

したがって、ボランティアコーディネーターは、相談内容の事実関係や機能面、求められている情報の種類といったことだけでなく、「相談しようと思った背景」「なぜ、参加したいと思ったのか」「何に憤り（あるいは魅力）を感じているのか」「どんな夢をもっているのか」といった、一人ひとりの「思い」の部分をしっかりと聴いていかねばなりません。こうした思いを熱っぽく語る人もいるでしょうし、ほとんど表面に表さない人もいるでしょう。あるいは、一見すると「思い」がないように思える人もいるかもしれません。ボランティアコーディネーターは、相手のタイプや状態に合わせて、ゆっくり聴いたり、一緒に語り合ったり、あるいは場づくりを工夫したりして、隠れている「思い」がその人のなかで顕在化するように“エンパワメント”したりしていくのです。

● 「何かしたい、でも何をしていいか分からない」という**ボランティア活動希望者**。ボランティアコーディネーターが丁寧な**面接**を行ったことによって、自分が何に関心があるのか、何に取り組みたいかを少しずつ明らかにしていくことができた。【ボランティアセンター】

● 地元のミニコミ誌に掲載してもらった「ボランティア募集情報」を見て、6人が電話または電子メールで応募。**オリエンテーション**の日を決め、集まってもらった。みんな不安そうにしていたが、一人ひとりから**活動動機や気持ちを話してもらう**なかで、徐々にうなずき合ったり、言葉をかけ合ったりし始め、帰りがけには来たときよりも活動への期待や意欲が高まっていた。【施設】【NPO】

● テレビ番組でアジアの貧しい地域の実情を知り、何かしたいと思った大学生。「文房具やおもちゃを集めて送りたい」とのこと。ボランティアコーディネーターは、その思いを受け止め共感したうえで、それらを送ることが本当に有効なのかどうかを**一緒に考え**、さらに発展させた活動にすることができた。【NPO】

2つ目は、**「主訴」の受け止め**です。相談してくる人はさまざまなことを話します。ボランティアコーディネーターは、それらを丸ごと受け

止めつつ、同時に「本当に言いたいことは何なのか」を考えながら聴いていきます。つまり、その人の主訴を見極めるということです。「本当に言いたいこと」「本当に分かってほしいこと」をしっかりと受け止めようと努力することが必要です。人は必ずしも、初めから"本当のこと"を話すとは限りませんし、話す本人も"何が一番言いたいのか"が明確になっていないことが多いのです。

● ボランティアから「職員の態度が悪い、二度と参加したくない」と苦情の電話。ボランティアコーディネーターが、丁寧に時間をかけて事情を聴いていったところ、職員を責めるというより、「もっと任せてほしかった。もっと自分を認めてほしかった。自分はもっと貢献できたはずなのに、悔しい」という思いがあることが分かった。【NPO】【施設】

● 「難病で視力が落ちてしまったので、家に来て代筆をしてほしい」とのボランティア依頼。ボランティアコーディネーターが家庭訪問して、詳しく話を聴き、また観察したところ、実は代筆というより話し相手がほしいということが分かってきた。【ボランティアセンター】

3つ目は、「必要事項」の受け止めです。ボランティアコーディネーターの仕事は、相手の悩みや希望をただずっと聞いているだけではありません。実際に、ボランティア活動希望者に活動先を紹介したり、グループや機関にボランティアを紹介したり、情報がほしい人に的確な情報を提供していかなくてはなりません。そのためには、やはりきちんと尋ねなければならないこともあります。聞くべきことをきちんと聞いておかないと、双方がより納得する、あるいは双方を活かし合うようなマッチングはできません。もちろん、マニュアル通りに機械的・事務的に尋ねていくようなことがあってはならないのは言うまでもありません。

● 初めて行事にボランティアを募集することになった団体から、広報依頼の電話。行事の趣旨などについて聴いたのち、ボランティアコーディネーターが、具体的な活動内容や人数、交通費、雨天の場合の対応、ボランティア保険などについて確認していくと、まだ十分検討していないとのこと。それらがある程度決まっ

> ていないと、どのような人たちに呼びかけたらいいか分からない
> し、ボランティアも不安であることを伝えて検討してもらうこと
> になった。【NPO】【ボランティアセンター】

　以上の例を見れば分かるように、こうした受け止めをするためには、電話対応の仕方、面談（来所、訪問）の仕方、最近では電子メールでのやりとりの仕方が重要になります。これらのことへの力量をつけていくことがボランティアコーディネーターに求められます。

　また、特に個人が抱える課題解決のためのボランティア応援依頼では、社会福祉や医療・保健、教育などの制度上のサービスや専門スタッフとの関係調整も必要になりますので、主訴や必要事項の受け止めを一層しっかりと行う必要があります。

　上記以外にも、活動中にボランティアから出されたちょっとした感想、会議中に出された意見、事務所に出入りする人たちと交わす何気ない会話のなかにも、隠れたニーズや取り組みのヒント、あるいは活動見直しのための警告などが含まれています。一人ひとりの声をしっかり受け止めることの重要性は、日常の仕事すべてにおいていえます。

（2）求める

　ボランティアコーディネーターの役割として2つ目にあげられるのは、「求める」ということです。これも「一人ひとりを大切にする」ということを起点にしています。

　個々のニーズ（たとえば、ボランティア活動をしたい、ボランティアの応援がほしい、活動の悩みを解決するための情報がほしい、など）を受け止めたあと、しっかりとそれに応えていくためには、その人その人に応じた活動の場や団体、必要な人材や情報などを探すということが必要になります。その人の主訴にぴったりのものが手元にない場合、手もちの知識・情報だけで対応してしまわずに、本当に相手が望んでいるものを見つけ出す努力をします。「求める」という言葉には"手に入れようと心のなかで望む"という意味が含まれているのです。ここが、単なる情報提供と「コーディネーション」の違いといえます。

　この考え方からいうと、ボランティアセンターや市民活動センターなど多くの中間支援組織のなかには、情報はたくさん集めていてパソコンや冊子で見ることができるようになっているが、「ボランティアコー

ディネーション」はきちんと行われていないというところも多いのです。また、施設や団体においても、当事者のニーズに応じて新たな活動者を求めたり、当事者や活動者のニーズに応じて新たな活動の場づくりをしているところは少ないかもしれません。

　具体的には、どのようなことが考えられるでしょうか？　まず第1に、**活動の場を求める**ということがあります。「何かしたい、何でもいい」と言う人も多い一方、活動分野やテーマが特定されていたり、日時や場所などの条件があったりする活動希望者も少なくありません。個人（活動希望者）のニーズに合うような活動の場を、積極的に「求める」ことが必要になります。

- ● 　社員へのアンケート結果から、活動希望としてスポーツ系が多いことが分かったので、地元の教育委員会に働きかけ、小・中学校や地域スポーツクラブなどへのボランティア参加が可能になった。【企業】
- ● 　「まだほとんど日本語が話せないが、福祉施設でボランティア活動がしたい」という留学生のニーズに応えるために、ボランティアコーディネーターは可能性がありそうな福祉施設のホームページを調べたり片っ端から電話をかけたりして、受け入れ可能なところを見つけた。【ボランティアセンター】

　第2に、**活動参加者を求める**、ということがあります。個人からのボランティア応援依頼に対して、また施設・団体からのボランティア募集を受けて、より共感性が高く、条件も合うような参加者を求めていくということです。このアプローチには、いくつかのレベルがあります。まず、ボランティア活動などにまったく関心がない「無関心層」、関心がないわけではないが、特に活動を希望しない「潜在層」へ働きかける場合です。マスコミ・ミニコミの利用やホームページなどIT活用、チラシ配布などさまざまな工夫が考えられます。次に、機会があれば参加したいと思っている人たち（たとえば登録者）やすでに活動している人たちに呼びかけるという場合があります。こちらはより直接的に呼びかけて届く方法を工夫していきます。

- ● 　できる限り地元の人たちにボランティアとして参加してほしいと思ったコーディネーター。地元自治会連合会に依頼して、回覧

板で**チラシ**を全戸に回してもらった。【施設】【NPO】
● すぐには活動しないが、なんとなく関心をもつ人たちに対して**メールマガジン**を月1回発行して、活動情報を届けている。【ボランティアセンター】

　この他、さまざまな相談や問い合わせを受けた際、対応できる情報が手元にない場合も「分かりません」で済ませずに、調べ求める努力が必要です。こうしたことを積み重ねることで、ボランティアコーディネーターが所属する場に情報が蓄積されていくのです。

（3）集める

　「求める」のところで、個々のニーズに応じてさまざまな情報を探していく必要があると述べましたが、基本的なことに関しては、日頃から情報収集を行い、それらをすぐに活用できるように整理しておく必要があります。ボランティアコーディネーターの役割の3つ目は「集める」です。

　何を集めるかは、組織のタイプによって多少異なりますが、たとえばボランティアセンターなど中間支援組織の場合でいえば、基本的には次のようなものが考えられます。

① 地縁型組織、ボランティアグループ・NPO法人などの情報
② ボランティア受け入れ施設・機関の情報
③ ボランティア募集（ボランティアプログラム）情報
④ 助成金・貸し会議室など社会資源の情報
⑤ ボランティア保険などの情報
⑥ 関連制度・サービスの情報

　次に、これらを**どのように集めるか**ですが、ボランティアセンター宛てに届く機関紙や事業の広報チラシのなかにも、すぐ役に立つ情報があります。またボランティアコーディネーターだけでなく、職場の他の職員からも、それぞれが気づいた情報を提供してもらうこともできるでしょう。関連する制度の変更や新設、ボランティア・NPO関連の大きな動きについてはマスコミや行政・関連団体のホームページをチェックすることで収集できます。また、人脈もとても大きな力になります。日頃からいろいろな団体と顔の見える関係を作っておくことが大切です。

　さて、情報はただ単に断片的に集めただけでは本当に使えるものとは

いえません。相談に的確に応えるためには、次から次へと際限なく、しかも膨大な量の情報が流れてくるなかで、必要な情報をいかに取捨選択し、いつでも使えるように**整理・加工**しておくかが重要なポイントになります。他のスタッフも共有できるように、適切なファイリングやデジタルデータ化などの工夫が必要です。

（4）つなぐ

　「つなぐ」という役割は、ボランティアコーディネーターにとって中核となるものです。ボランティアコーディネーターの仕事の固有性は、ここにあるといっても過言ではありません。

　ボランティアコーディネーションの基盤となる2つの機能のうちの1つが、「対等の関係を作り出す」というものでした。つまり、対等な関係を作り出すような"つなぎ"方をしていくのが、ボランティアコーディネーターの役割といえます。そういった「つなぐ」役割を果たすために、「受け止める」「求める」「集める」という役割が大きな意味をもちます。さらに、そのように「つないだ」ことによって、「高める」「創り出す」「まとめる」「発信する」という役割の必要性が生まれてくるのです。図2-3（157頁）で、「つなぐ」を中心に置いたのは、こうした理由からです。

　では、いったい**何をつなぐ**のでしょうか？　第3節で「ボランティアコーディネーションが求められる場」として、大きく「個人と個人の間」「個人と組織の間」「組織と組織の間」「セクターとセクターの間」に分けて、以下のように解説しました。

---

(1)　**個人と個人の間**
　A　同じ「地域コミュニティ」に暮らす住民間
　B　活動をしている市民（ボランティア）間
　C　市民（ボランティア）と市民（有給職員）
　D　市民（要支援者）と市民（支援者）
(2)　**個人と組織の間**
　A　市民（住民）と地縁組織
　B　市民（ボランティア）と市民活動団体
　C　市民（ボランティア）と公共施設（社会福祉施設、社会教育施設、文化施設、学校、病院など）

　　D　市民と行政（国、自治体）

(3)　**組織と組織の間**

　　A　NPO と NPO

　　B　NPO と行政

　　C　NPO と企業

(4)　**セクターとセクター**

　ボランティアコーディネーターの役割としては、(1)(2)が中心となり(3)にも深くかかわりますが、(4)についてのかかわりは少し弱くなります。さらに、これに加えて以下のことも含まれてくるでしょう。

●　ボランティア（団体）と社会資源

　＊　社会制度

　＊　資金情報（助成金、寄付など）

　＊　人材情報（講師、特殊技能提供者など）

　＊　マスメディア

　＊　その他

　対等な関係を作り出すようなつなぎ方をするのは、文字で書けば簡単ですが、実際には大変な時間と労力が必要です。双方の詳しい事情や思いを把握して、双方が互いに納得し活かし合えるように意見やプログラムの調整をしていかねばならないからです。しかし、その割には見えにくく、組織内で理解されにくいのがこの部分でもあります。この「つなぐ」という役割の重要性について、もっと理解を広げていくことが必要です。

（5）高める

　ボランティア活動は組織や社会にとって大きな意味があるばかりではなく、個人にとっての意味も大きいということは、第1章で見てきたとおりです。すなわち、活動を通じて視野が広がる、体験をふまえた知識や学びが蓄積される、市民の自治力が高まっていく、といったことがあげられます。こうしたことを支えたり意図的に促進したりするのが、ボランティアコーディネーターの5つ目の役割である「高める」です。

　「高める」の内容としては、第1に、**潜在層に向けたもの**として、一般的なテーマの講演会やボランティア関係の講座の企画などが考えられ

ます。

　第2に、**活動前のボランティア向け**に必要な研修を企画・実施します。特定の活動内容について学ぶ講座、活動前に実施するオリエンテーション、活動するにあたって必要な研修、などの支援を行います。

　第3に、**活動中および活動終了後**にボランティア自身の課題別の学習会を開催したり、活動について振り返る会を設けることによって、各自の気づきや学びを確実なものにしていくことができます。これらは、あらかじめ必要と思われる研修のプログラムづくりをしておく場合と、日々の具体的な活動についての情報交換を行うなかから出された特定のテーマについて、専門家や講師を迎えての学習会を随時開催する場合があります。活動者の意向やニーズに応じて臨機応変に取り組むことも必要です。

　こうした場で出された疑問や提案によって、次回の活動内容が改善されたり、また新たなボランティアプログラムが作られていくきっかけになったりします。さらに、活動を通して感じた問題意識を共有することによって、制度や環境の改善への活動（ソーシャルアクション）が生み出されていくこともあります。

- ● 　ボランティアコーディネーターが**ボランティアと職員との交流会**を企画。事前にコーディネーターが働きかけて、**長年活動を続けているボランティア**にあらためて活動への思いを話してもらった。すると、それまで知らなかったその人の活動動機や施設利用者に対する深い理解を知り、職員や新しいボランティアはおおいに刺激を受けた。【施設】【NPO】
- ● 　ミーティングがうまくいかないと悩んでいたボランティアグループのリーダーに、コーディネーターがミーティングファシリテーションについて**紹介**。ぜひグループで勉強会をしたいとの声を受けて、**講師の調整**を行った。【ボランティアセンター】
- ● 　夏休みの子ども向けキャンプの**反省会**を開催。そこで、ボランティアコーディネーターが**一人ひとりの発言をうまく引き出して**いったことで、単なる行事の反省だけでなく、日常的な子どもの遊び場の問題について意見が盛り上がった。のちに冒険遊び場づくりの活動へと展開していった。【NPO】

　「高める」ことについてのボランティアコーディネーターのかかわり

方としては、「スーパーバイザー」として、活動者や団体に対して定期的に助言や提案を行うこともあります。これは、個別に行うこともあれば、ケース検討会などのような場を設定することもあります。あるいは、必要があるときのみ情報提供したり助言したりする場合もあります。いずれにしても、ボランティアや団体からの相談を受けやすい雰囲気や体制を常に作っておくこと、そして、ボランティアや団体の活動状況を把握し、悩みや課題を敏感にキャッチする努力が大切です。

（6）創り出す

ボランティアコーディネーションの基盤となる機能の1つに、「総合力や新たな解決力を生み出す」というものがありました。ボランティアコーディネーターの仕事は、既存のヒト・モノ・サービスを組み合わせるというイメージをもたれがちですが、実際にはきわめてクリエイティブ（創造的）なものです。

社会状況や課題は時代とともに変わっていきます。常にニーズに応じて、必要な活動プログラムを開発したり、特定の課題に取り組むグループの立ち上げを支援したりすることもコーディネーターの重要な役割です。

ボランティアコーディネーターの仕事としての「創る」とは、具体的にどういうことでしょうか？　「新しい活動の場を作る」「新しいニーズに対応するグループを作る」「グループ間の連絡・交流の場を作る」「ボランティアと専門機関等のネットワークを作る」「社会（地域）課題の解決に向けた新たな仕組みを作る」「新しい制度やサービスを作る」「話し合いの場を作る」などが考えられます。"ないものは創り出す"という発想が、ボランティアコーディネーターには必要です。

1）新しいボランティアプログラムを作る

地域の状況や利用者・活動希望者のニーズに応じて、ボランティアプログラムを開発することが必要です。「プログラム」とは、一般に"計画、予定"という意味で、さらに"分析して組み立てられたもの"という意味も含んでいます。すなわち、単にボランティア活動の種類を指すのではありません。活動が成立するためのあらゆる要素を分析し、組み立て、計画したもので、コーディネーターの側からいえば、「ボランティア受け入れ計画案」とでもいうべきものです。

こうしたプログラムが事前に作られていないと、仮に活動メニューができ活動が始まったとしても、ボランティア・利用者・職員のそれぞれからしばしば不満が出されることになります。たとえば、「ボランティアがイメージしていたものと実際の活動内容が食い違っていた」「職員の仕事とボランティアの仕事が不明確」「その活動に不向きなボランティアも混じっている」などのトラブルが起こります。新たなボランティアプログラムを開発するには、まずニーズや課題を把握することが重要です。そこから、具体的な活動プログラムを設計していきます。

　ボランティア活動プログラムの内容には次の8つの要素が含まれます。これらを事前に十分考えておくことが、より良い活動につながります。

- ①　目的（＝プログラムの必要性、ボランティアが参加する意味）
- ②　活動内容（＝具体的に何をするのか）
- ③　活動主体（＝求められる活動者像）
- ④　活動の対象
- ⑤　活動の場所
- ⑥　活動日・時間・頻度など
- ⑦　活動までの手順（＝募集方法、オリエンテーション、研修など）
- ⑧　活動にかかるコスト

2）ニーズに対応するグループづくりへ

　たとえば、ある社会（地域）課題の解決をテーマにした学習会や講座を企画したとします。その受講者たちは多くの場合、講義を聞いて終わりとなってしまいます。そこで、受講者のなかから実際に活動を行っていくようなグループづくりを働きかけるということも、ボランティアコーディネーターの役割の1つでしょう。また、相談をしっかりと"受け止め"た結果、新たなグループづくりに発展することもあります。

3）新たな組織づくりへ

　社会の課題はますます多様化しています。そこで、その解決のためには、市民による多様な形態の活動が必要になってきます。新たな事業展開をするにあたって、特定非営利活動法人（NPO法人）格を取得して取り組もうとする団体もあります。また、コミュニティビジネスという形でアプローチしようとする団体もあるでしょう。ボランティアコー

ディネーターは、こうした新たな組織づくりや、新たな事業展開に関する相談に乗ったり情報提供したりするなど、支援できるように常に準備しておくことが必要です。

4）ネットワークづくりへ

ネットワークを作ることをネットワーキングといいます。ネットワーキングとは、ある目的や価値を共有している人々の間で、既存の枠を超えて人間的な連帯を作っていくことを意味します。課題解決に向けて、同種または異種の活動内容や機能を有する団体や個人がつながることは大きな力になります。コーディネーター自身のネットワークも必要ですし、ボランティア同士の主体的なネットワークづくりやセルフヘルプグループなどの当事者間のネットワークづくりを側面的に支援することも大切な仕事です。

5）新たな仕組みやサービスづくりへ

前述の「高める」のところで述べましたが、ボランティア活動を通じて新たなサービスや制度づくりの必要性が確認できることがあります。そこで、自治体や国に新しい制度の創設を働きかけたり、市民自らが新たなサービス（事業）を創出するということもあるでしょう。ボランティアコーディネーターは、こうした動きをファシリテートしたり、情報提供者になったり、方法を助言したりすることも求められます。

（7）まとめる

仕事（業務）としてボランティアコーディネーションに携わる場合、避けて通れないのが、この「まとめる」という役割です。日々の電話受け付けや面談、訪問の記録はもちろん、活動者数や時間、調整件数などの統計処理、年間の事業報告書づくりなど、机に向かわなければならない業務は無視できません。

なぜなら、それはまず自分自身の反省材料になり、仕事の評価につながるからです。さらに、相談内容や業務をまとめ、振り返る作業を通して、新たな講座やボランティアプログラムのアイデアが生まれることもあります。さらに、ボランティア活動の重要性や、ボランティアコーディネーターの必要性を客観的なデータで示すことによって、社会的認知の向上につなげていくことができます。

日々の業務を記録するという作業は、ついつい後回しにされがちですが、自分たちの仕事を客観的に振り返るためにも、内外に説明するためにも、おろそかにできない大切な作業です。

　日々の電話受け付けや面接・家庭訪問等の記録から統計処理や年間の事業報告書づくりなど、記録の方法にはいくつかの種類があります。時間や労力を無駄に費やさないためにも、まとめ方や集計の視点をあらかじめ考慮に入れた記録フォームを用意することや書き方のポイントを押さえることなどが必要です。また、相談シートのデジタル化によって、統計作業や分析が効率よく行えるような検討も必要になってくるでしょう。

（8）発信する

　ボランティアコーディネーターの役割の最後は、「発信する」です。たとえば、ボランティアセンターには、ボランティア活動希望者だけでなく、多くの「ボランティアの応援を求める」人からの相談も入ってきます。あるいはボランティア活動を通して顕在化してくることもたくさんあります。それらを「受け止め」ていくことで、一般には見えにくい社会課題や地域で起こっていること、より少数の人たちが抱える生活課題などが見えてきます。また、さまざまな施設や団体においても、その分野やその事業ならではのさまざまな課題があります。それらを広く社会に発信していくこともボランティアコーディネーターの重要な役割です。

　そうした課題をより多くの人に知ってもらい、解決に向けて関心をもってくれる人を増やすために、広く**一般に向けた啓発・広報**にも力を入れる必要があります。具体的には、広報紙づくり、マスメディアや地域メディア、IT の活用（ホームページ、ブログ、メールマガジンなど）、回覧板、掲示板、イベントなどでのパネル展示、などが考えられます。また、最近では、Facebook（フェイスブック）や X（エックス（旧 Twitter））などの SNS（ソーシャル・ネットワーキング・サービス）の活用がとても有効になってきています。

　さらに、組織として、活動によって得られたことを具体的な**提言**としてまとめたり、**アドボカシー活動**を展開していくことも必要でしょう。このことは、先に述べた「高める」「創り出す」とも深い関連をもっています。

　　　　　　　　　　　　　　*

　以上、ボランティアコーディネーターの8つの役割について概観してきました。詳しい業務内容や必要なスキルについては紹介できませんでしたが、「仕事（業務）としてボランティアコーディネーションを行う」ことについてのイメージはもてたのではないかと思います。

　本節では、仕事（業務）としてボランティアコーディネーションを担う「ボランティアコーディネーター」に焦点をあてて述べてきましたが、本書全体は仕事で担うか否かにかかわりなく、「ボランティアコーディネーション」のもつ視点や方法が、地域社会、ボランティア活動の現場、ボランティアと協働する機関や施設においてより幅広い人々に広がってほしいという願いに貫かれています。

本節では、日本における「ボランティアコーディネーター」に関する動向について概観します。まず、その歴史を振り返り、ボランティアコーディネーターの配置の現状などを見ていきます。

1．ボランティアコーディネーターの歴史[31]

第1章の第3節「日本におけるボランティア活動の歴史」と重なる部分もありますが、ここではより「ボランティアコーディネーター」に焦点をあてて見ていくことにします。

（1）1970年代

日本において「ボランティアコーディネーター」という言葉が公に登場したのは、現時点で「日本ボランティアコーディネーター協会」が把握している限りにおいて、1976（昭和51）年に大阪ボランティア協会が開催した「第1期コーディネーター養成講座」です。これは、日本初のボランティアコーディネーター養成講座であるとともに、おそらく日本最初の"ボランティアにかかわる専門職"養成のための講座といえます。

この背景には、「病院ボランティア協会[32]」の影響があるといわれます。第1章でも少しふれましたが、病院ボランティア協会はアメリカの病院ボランティアの活動を参考にしており、その視察を行った医師がボランティアコーディネーターという存在の重要性を紹介したことがきっかけでした。したがって、最初の講座では、講師のほとんどが病院ボランティアの関係者であり、受講者の多くも病院で活動するボランティアでした。

第2期以降、病院から福祉施設におけるボランティアコーディネーションへと拡大していき、さらに第3期（1978（昭和53）年）には、早くも「コーディネーターと地域社会とボランティアセンター」という科

32 1970（昭和45）年に大阪で発足。当初は「病院ボランティア連絡会」、1974（昭和49）年に現在の名称になった。

---

31 筒井のり子「日本におけるボランティアコーディネーターの発展過程」ボランティアコーディネーター白書編集委員会編『ボランティアコーディネーター白書1999-2000』大阪ボランティア協会、1999年をもとにしている。

目が登場。第8期、第9期（1983（昭和58）年、1984（昭和59）年）には、「施設コーディネーター・コース」と「センターコーディネーター・コース」の2つに分けて実施されています。

　論文に「ボランティアコーディネーター」が登場したのは、確認できている限りにおいて、1977（昭和52）年2月に出された『月刊ボランティア』第122号（大阪ボランティア協会発行）において「施設ボランティアを根づかせるために／高まるコーディネーターの必要性」と題する原稿が掲載されたのが日本で最初と思われます。また、同年7月には、全国社会福祉協議会発行の『月刊福祉』で、全国ボランティア活動振興センター主幹（当時）の木谷宜弘が「ボランティア活動をより効果的にするために〜コーディネーターの必要性と役割〜」と題する論文を発表。また同号で岡本栄一も「住民参加としてのボランティア活動」と題する論文のなかで、ボランティアコーディネーターの重要性について言及しています。

　翌1978（昭和53）年になると、コーディネーター養成講座を通じてできたネットワークを活かして、大阪ボランティア協会に福祉施設や病院のボランティア担当職員による研究委員会が発足し、その研究成果は、翌年『ボランティア・コーディネーターの手引き〜専門ワーカーの役割とは何か〜』として出版されました。

　このように、70年代後半は、ボランティアコーディネーターという役割が日本に紹介され、その必要性が論じられ始めた萌芽期といえます。

（2）1980年代

　第1章の第3節で述べたように、1970年代後半から80年代にかけて、「コミュニティケア」や「地域福祉」「在宅福祉」の概念が注目され、ボランティア活動もそれまでの"施設訪問"から友愛訪問や給食サービス等の"地域活動"へと拡大し、福祉分野でのボランティアが一躍脚光を浴びることになりました。

　この背景には、高齢化社会への不安から、中高年の女性を中心にボランティア自身が身近な地域で在宅福祉サービス活動を活発に展開していったことと、一方でより政策的に在宅福祉サービスにボランティアを活用しようといった動きがありました。そこで、先駆的にボランティアのコーディネート活動を行っていたボランティアセンターや団体には、「ニーズを抱える個人からのボランティア依頼」や「公的機関からの在

宅ニーズにかかわるボランティア依頼」の相談が増加していきました。ところがその内容は、本来公的機関で対応すべきニーズ、ボランティアだけでは対応できない多問題ケース、無料の労働力としての安易なボランティア依頼なども多く、対応する担当者は困惑していました。しかも1人職場が多く、悩みを分かち合えないという状況もあったのです。

こうした背景から、1983（昭和58）年に大阪ボランティア協会の事務局長（当時）だった岡本栄一の呼びかけで、京阪神の社会福祉協議会やボランティア協会などのボランティアセンターの担当者による「京阪神需給調整担当者懇談会」が生まれています[33]。

1985（昭和60）年になると、「ボラントピア事業[34]」の開始により、市町村社会福祉協議会にボランティアセンターおよびボランティアコーディネーターの整備が図られました。その結果、日本のボランティアセンター数は世界一といわれるほどになり、「京阪神需給調整担当者懇談会」への参加団体も、増加の一途をたどりました。

一方、この時期、これとは別にボランティアコーディネーター有志による、より小規模な自主的勉強会も立ち上がっています。1983（昭和58）年に大阪で「ボランティアコーディネーター研究会」、1987（昭和62）年に東京で「ボランタリーアクション研究会」が発足しています。いずれも、安易なボランティア"活用"に疑問を感じ、自らの仕事の専門性を高めるべく、自主的に組織されたものでした。

（3）1990年代前半

こうした動きを土台として、1980年代後半から90年代にかけて、特に社会福祉分野においてボランティアコーディネーターの役割や業務を整理し理論化する努力が進められました[35]。また、1992（平成4）年には全国ボランティア活動振興センターより『ボランティアコーディネーターマニュアル』（1990（平成2）年に出版されたものの改訂版）がまとめられ、社会福祉協議会ボランティアセンターにおけるコーディネート業

33　当初の名称は、「在宅ニーズの需給調整についての関係者懇談会」。

34　54頁参照。

35　「特集 ボランティア需給調整活動の現状と課題」『ボランティア活動研究』第4号、1987年、岡知史「岡村理論に基づくボランティア・コーディネートの理論化の試み──社会参加および社会的協同の機会への社会的要求に着目して」『上智大学社会福祉研究』第13号、1989年、筒井のり子『ボランティア・テキストシリーズ7 ボランティア・コーディネーター──その理論と実際』大阪ボランティア協会、1990年など。

務の一定の整理・確立が行われました。

　一方この時期、各種審議会での答申等でボランティアコーディネーター必要論が相次いで発表されています。

　まず福祉分野では、1993（平成5）年4月に厚生大臣告示「国民の社会福祉に関する活動への参加の促進を図るための措置に関する基本的な指針」（基本指針）が出され、これに基づいて同年7月に中央社会福祉審議会地域福祉専門分科会より「ボランティア活動の中長期的な振興方策について」という意見具申が発表されました。このなかで「ボランティアコーディネーターを3万人、ボランティアアドバイザーを30万人」という設置目標が示されたのです。これを実現するために、厚生省は「市区町村ボランティアセンター事業」を、そして全国社会福祉協議会は「ボランティア活動推進7か年プラン」をスタートさせました。その結果、1994（平成6）年度には社会福祉協議会ボランティアセンター数は1987（昭和62）年度の約1.5倍である2542か所に増大し、ボランティアコーディネーターの配置と専任化も進みました。

　教育分野では、教育改革にかかわる各種審議会答申が相次いで出されていますが、特にボランティア活動やコーディネーターとの関連が深いものとしては生涯学習審議会答申をあげることができます。1992（平成4）年に出された「今後の社会の動向に対応した生涯学習の振興方策について」においては、ボランティア活動と生涯学習との関連を、①ボランティア活動そのものが自己開発、自己実現につながる生涯学習となるという視点、②ボランティア活動を行うために必要な知識・技術を習得するための学習として生涯学習があり、学習の成果を活かし、深める実践としてボランティア活動があるという視点、③人々の生涯学習を支援するボランティア活動によって、生涯学習の振興が一層図られるという視点、の3つの視点から整理されました。そして1997（平成9）年3月に出された「生涯学習の成果を生かすための方策について」（生涯学習審議会審議の概要）においては、行政が人々のボランティア活動を支援し奨励する取り組みを進め、環境整備を行うことが重要であるとし、その方策の1つとして、コーディネーターの配置にも言及しています。

　前述した「京阪神需給調整担当者懇談会」はさらに発展し、「近畿ボランティアコーディネーター研究集会」を経て、1994（平成6）年10月に全国各地からボランティアコーディネーションに取り組む関係者125人の参加を得て、大阪で第1回「全国ボランティアコーディネーター研

究集会」が開催されるに至りました。

（4）1990年代後半

　1995（平成7）年1月の阪神・淡路大震災の体験は、ボランティアコーディネーターにとっても重要でした。1つは、大規模災害の混乱状態のなかで、大量のボランティア活動希望者と多種多様な地元ニーズに対応することは、これまで培ったボランティアコーディネーションの手法と力量が厳しく問われる場面であったということです。それまで名前だけで実質的な役割を果たせていなかった「ボランティアセンター」や「ボランティアコーディネーター」は、緊急時に機能できなかったからです。

　そこで、災害時により的確なボランティアコーディネーションを行うためには、平常時からの取り組みの質の向上が重要であるということが確認されるようになりました。また同時に、災害時特有の状況に対応できるボランティアコーディネーターの必要性もいわれるようになり、各地で「災害ボランティアコーディネーター養成講座」の開催も行われるようになりました。このように、震災以降、「ボランティアコーディネーター」の新聞紙面への登場回数が急増するなど、「ボランティアコーディネーター」の存在とその必要性が人々に広く理解されるようになっていったのです。

　さらに、1998（平成10）年の特定非営利活動促進法（NPO法）の成立・施行に伴い、NPO法人が登場しました。ますます、ボランティアや市民活動が活発化していきました。それに伴い、学校教育、環境保全、多文化共生、国際協力、文化・芸術など多様な分野でボランティアコーディネーションについて語られるようになっていきました。

　こうしたことから、1990年代後半には、社会福祉、生涯学習分野において、ボランティアコーディネーターの研修体系づくりが進みました。全国社会福祉協議会・全国ボランティア活動振興センターでは、1995（平成7）年から、専門職としてのボランティアコーディネーターの社会的確立を図るために、「138.5時間の新任研修プログラムの策定」「同研修の指導講師用手引書の作成」「指導講師を対象とする研修会の開催」に取り組みました。1997（平成9）年には、「ボランティアコーディネーター研修プログラム教材開発研究委員会」が開設され、その成果がテキストシリーズとして発行されています。

また、1998（平成10）年に「とくしまボランティアコーディネーター交流学会」が発足、1999（平成11）年には「北海道ボランティアコーディネーター協会」が発足しています。

（5）2000年代〜

　2000（平成12）年には地方分権一括法が施行され、地域住民のニーズを迅速かつ的確に反映させるために、住民にとって身近な行政はできる限り地方が行うこととし、地方公共団体の自主性と自立性の確保が大きな課題となってきました。このことから、震災を機にボランティアの社会的意義が認識されたことやNPOの台頭と相まって、より広範な意味で"市民参加"や"公民協働"が推進されるようになりました。さらに2003（平成15）年の地方自治法の一部改正で指定管理者制度が始まり、公の施設の管理主体が株式会社などの営利企業にも開放されるようになりました。その結果、「ボランティアコーディネーション」機能も、それまで以上に多様な機関や場面で必要になってきたのです。1994（平成6）年に始まり、その後毎年開催されてきた「全国ボランティアコーディネーター研究集会」への参加者は、数が増えただけでなく、その層が確実に多様な分野に広がっていきました。

　2001（平成13）年1月、多様な分野で活動するボランティアコーディネーターのネットワークを築き、その専門性の向上と社会的認知を進めることを目的に、「日本ボランティアコーディネーター協会」（JVCA）が結成され、同年8月に特定非営利活動法人の認証を受けました。

　日本ボランティアコーディネーター協会では、それまで分野別に取り組まれてきたボランティアコーディネーターの研修体系づくりや理論化について、あらゆる分野に共通する基盤を作っていく努力を行ってきました。その1つが、2004（平成16）年9月に発表された「ボランティアコーディネーター基本指針〜追求する価値と果たすべき役割〜」です。内容については、すでに第4節で詳しく紹介しましたが、これは、福祉・教育・国際交流・国際協力・環境・行政・企業など、多様な分野でボランティアコーディネーションに携わる関係者によって、1年9か月もの時間をかけ、協議を重ねて作り上げたものです。

　こうしたプロセスを経て、2009（平成21）年からあらゆる分野に共通する価値・知識・技能を確認し、高めていくことをめざして、「ボランティアコーディネーション力検定」が開始されました。"ボランティア

ならびにボランティアコーディネーションに関する基礎的理解"を求める「3級検定」が2009（平成21）年から、"ボランティアならびにボランティアコーディネーションに関する知識を実務に応用する力"を身につける「2級検定」が2010（平成22）年から、そして"ボランティアコーディネーション力を使って社会課題解決に向けた有効で実行可能な方策を提案できる力"を身につける「1級検定」が2012（平成24）年から、それぞれ実施されています。

　また、日本ボランティアコーディネーター協会では、「1級検定」の実施に備えて、専門職としてのボランティアコーディネーターが遵守すべき倫理についての議論を行い、2012（平成24）年の総会において、それを規程としてまとめあげた「ボランティアコーディネーター倫理綱領」が了承されました。

2．ボランティアコーディネーターの現状

（1）人数

　「日本に、現在、ボランティアコーディネーターは何人いますか？」と聞かれることがありますが、残念ながら、その正確な数字は把握されていません。序章でもふれたように、ボランティアコーディネーションが実践される分野はあまりにも幅広いため、すべてを網羅するような全国的な調査の実施が大変難しいからです。組織によっては、必ずしも「ボランティアコーディネーター」という名称を使っているわけではありませんし、また第5節で述べたように、ボランティアコーディネーションに従事している人の勤務形態やポジションは、正規職員／非常勤職員、専任／兼任など多様です。

　ボランティアコーディネーションに携わるスタッフがいると想定される組織の例としては、以下の通りです。このうち、実際どれだけに「ボランティアコーディネーター」としてスタッフが配置されているかは分かりませんが、逆に言えば、ボランティアコーディネーション力が求められる場はこれだけの広がりがあるということです。

【ボランティアコーディネーションに携わるスタッフがいる組織】

- 社会福祉協議会：1817社協（2022年）
  ※ ボランティアセンター機能がある社協の率78.7%
- NPO支援センター（組織・施設）：461団体（2021年）
- 大学ボランティアセンター（キャンパスごと）：172か所（2021年）
- 社会福祉施設：8万2611施設（2021年）
- 日本病院ボランティア協会加盟団体：175団体（2022年）
- 国際交流協会：784協会（2021年）
- 博物館（登録・相当）：1305施設（2021年）
- 博物館類似施設：4466施設（2021年）
- 青少年教育施設：840施設（2021年）
- 生涯学習センター：496施設（2021年）
- 公民館：1万3798館（2021年）
- 図書館：3394館（2021年）
- 文化会館（劇場・音楽堂等）：1832施設（2021年）
- ボランティア団体：17万5046団体（2022年）
- 特定非営利活動（NPO）法人：5万187団体（2023年）
- NGOデータブック対象団体：424団体（2021年）
- 自治体：1724市町村（2023年）

（2）資格

　「ボランティアコーディネーターの資格はありますか？」 これもよく聞かれることですが、いわゆる国家資格のようなものはありません。分野によっては独自の研修体系を設定し、何らかの認定や資格を出しているところもありますが、全国的なものにはなっていません。

　「資格」ではありませんが、全国的かつ分野横断的に実施されているものとしては、日本ボランティアコーディネーター協会による「ボランティアコーディネーション力検定」があります。「3級検定」（2009（平成21）年開始）はボランティア活動の経験がある人なら誰でも受けられますが、その合格者は、2023（令和5）年12月現在、6390人になっています。「2級検定」（2010（平成22）年開始）はボランティアコーディネーションに携わった経験が必要になりますが、その合格者は787人、

「1級検定」（2012（平成24）年開始）合格者は110人です。

　なお、日本ボランティアコーディネーター協会が、2013（平成25）年に実施した「ボランティアコーディネーション力検定合格者調査」によると、社会福祉協議会およびそれ以外の中間支援組織のスタッフが圧倒的に多いですが、分野はかなり広範囲になっていることが分かります（図2-4）。

　また、取得した級と受験時点でのボランティアコーディネーションとのかかわりを示したのが図2-5です。級が上がるにしたがって「仕事（業務）として」ボランティアコーディネーションを行っている／いた人の数が増加しています。3級ではおよそ7割、2級では8割、1級では8割5分となっています。検定合格によって得られた効果としては、自分自身の学びの深まりやネットワークの広がりがあげられるとともに、職場や団体にもボランティアやボランティアコーディネーション業務への理解が深まるという影響があったとの回答も多く見られました。

　以上、日本におけるボランティアコーディネーターの現状の一端を紹介してきましたが、「専門職としてのボランティアコーディネーターの配置」に限っていえば、まだまだ多くの課題があります。しかし、より幅広い立場・分野の人々が「ボランティアコーディネーション力」の必要性と内容を理解し身につけていくことで、結果として、専門職としての配置や位置づけの必要性の認識も広まっていくものと思われます。

図2-4　検定合格者の属性（全体：所属分野）

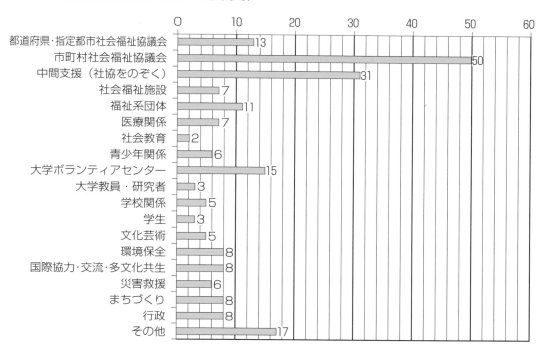

所属分野	人数
都道府県・指定都市社会福祉協議会	13
市町村社会福祉協議会	50
中間支援（社協をのぞく）	31
社会福祉施設	7
福祉系団体	11
医療関係	7
社会教育	2
青少年関係	6
大学ボランティアセンター	15
大学教員・研究者	3
学校関係	5
学生	3
文化芸術	5
環境保全	8
国際協力・交流・多文化共生	8
災害救援	6
まちづくり	8
行政	8
その他	17

図2-5　取得級とボランティアコーディネーションとのかかわり

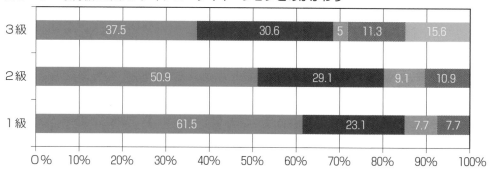

	取得した時点で、業務（仕事）として行っていた	取得する以前に、業務（仕事）として行っていた	取得した時点で、業務（仕事）ではないが、行っていた	取得する以前に、業務（仕事）ではないが、行っていた	行ったことはないが、ボランティア活動をしている
3級	37.5	30.6	5	11.3	15.6
2級	50.9	29.1	9.1	10.9	
1級	61.5	23.1	7.7	7.7	

- ■ 取得した時点で、業務（仕事）として行っていた
- ■ 取得する以前に、業務（仕事）として行っていた
- ■ 取得した時点で、業務（仕事）ではないが、行っていた
- ■ 取得する以前に、業務（仕事）ではないが、行っていた
- ■ 行ったことはないが、ボランティア活動をしている

ボランティアコーディネーション実務の向上に向けて

*終章の内容は、ボランティアコーディネーション力3級検定の試験範囲には入りません。

本書は、ボランティアおよびボランティアコーディネーションについ
ての基礎的な「知識」や「視点」を中心に述べてきました。次に必要に
なるのは、それらをいかに「実務に応用」していけるか、です。
　ボランティアコーディネーション実務については、別途、「ボラン
ティアコーディネーション力検定2級」「1級」のテキストで詳しくみ
ていきますので、ここでは簡単に概要を紹介しておきましょう。

●ボランティアコーディネーションの構成要素

　図§－1は、ボランティアコーディネーションの「目的」「機能」、そ
してボランティアコーディネーションを担う人の「役割」、さらに具体
的な「実務」の関係を表したものです。

　第2章で述べてきたように、ボランティアコーディネーションの「目
的」は、"市民社会の創造あるいはその成熟"です。そして、その目的
を達成するための「機能（働き）」として、7つ（2つの基盤となる機
能、5つの個別機能）をあげました。これらの「機能（働き）」は、実
際の仕事や活動において、ボランティアコーディネーターが担う役割、
すなわち「受け止める」「求める」「集める」「つなぐ」「高める」「創り

図§－1　ボランティアコーディネーションの構成要素

【機能】
①人々の活動や組織への参加・参画を促進する
②人と人とのつながりを生み出す
③モノ・サービスを組み合わせる
④組織内の人や部署の役割を調整する
⑤異なる組織間の協働を実現する

〈基盤として〉
●対等な関係を作り出す
●総合力や新たな解決力を生み出す

市民社会づくり

ボランティアコーディネーションを担う人の
【役割】
受け止める
求める
集める
つなぐ
高める
創り出す
まとめる
発信する

【実務1】
活動につなぐ
ボランティア
コーディネーション

【実務2】
活動の場における
ボランティア
コーディネーション
（ボランティアマネジメント）

ボランティアコーディネーション力

出す」「まとめる」「発信する」という８つの役割を通して発揮されていきます。これらの役割の果たし方も、第２章第６節で若干の具体例をあげて紹介しました。１つひとつの役割のなかに、さまざまな場面・段階の実務（＝具体的な仕事、業務）が含まれていることが分かったと思います。

　実務とは、たとえば「リクルート（募集）」であったり、「面接」であったり、「広報紙作成」や「ミーティングの運営」「記録」であったりします。これら１つひとつは、もちろんボランティアコーディネーションに固有のものではありません。しかし、これらの日常的な実務を通して、固有のボランティアコーディネーション機能（働き）が可能となるのです。

　すなわち、日々の実務をどのように行うかで、ボランティアコーディネーションの７つの機能をどの程度発揮できるかが変わってくるわけです。逆にいえば、「人々の参加・参画を促進することができたか」「人のつながりを生み出せたか」「対等な関係を作り出せたか」「総合力や新たな解決力を生み出すことができたか」といったことが、日々のボランティアコーディネーション実務の評価の視点になるのです。

●ボランティアコーディネーション実務の全体像

　では、ボランティアコーディネーションの実務とは具体的にどのようなものでしょうか？

　図§−２は、「市民がボランティア活動に参加するプロセス」を軸にして、そのプロセスのどのようなときに、どういう場で、どのように「ボランティアコーディネーション」が実践されるのかを単純化して表したものです。点線は、市民がボランティア活動にアクセスしていく流れを示しています。実線はそれがよりスムーズに進み、より良い結果を生むことをめざして意図的に行われることを示すといったように、ボランティアコーディネーション実務をおおまかに表しています。

　「何か活動したい・参加したい」と思った人は、①NPO、福祉施設、博物館など、ボランティアを募集している組織に直接アクセスする場合と、②ボランティアセンター等の中間支援組織でいったん情報収集したり相談したりする場合とがあります。図§−２では、それぞれを①**活動の場（組織）**と、②**活動につなぐ場**と表しています。一口に、ボランティアコーディネーションの実務といっても、タイプが異なる場（組

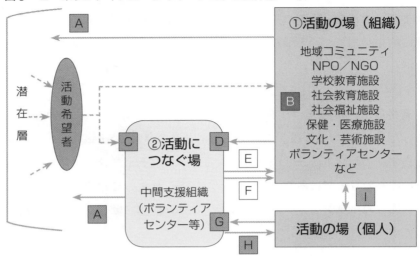

図§－2　ボランティアコーディネーションの全体像

織）では、当然その内容も違ってきます。

●活動の場におけるボランティアコーディネーション実務（ボランティアマネジメント）

　多くの場合、ボランティアは、NPO、福祉施設、病院、博物館、学校、文化施設などの組織に所属して、あるいはその呼びかけに応えて活動します。したがって、こうした既存の組織がボランティアと有効に協働するための考え方や手続きを整理しておくことが大変重要になります。これらのボランティアコーディネーション実務のことを、アメリカなどでは「ボランティアマネジメント」と呼んでいます。

　具体的には、以下のような実務があげられます。

① 準備作業
　・協働についての組織の意思決定
　・組織内の調整と合意形成
　・ニーズアセスメント
　・ボランティアプログラムの開発

② 採用のプロセス
　・ボランティア募集
　・受け付け
　・面接、選考、採用
　・オリエンテーションおよび研修

・配置

　　・契約（合意形成）

③　活動中のサポート（リテンション）

　　・スーパービジョン

　　・リコグニション

④　評価のプロセス

●活動につなぐボランティアコーディネーション実務（中間支援）

　一方、市民のなかには、「ボランティア活動をしてみたいが、何をしたらいいか分からない」「なかなか一歩を踏み出せない」という人、「情報がない」という人、逆に最近では、インターネット等で多様な情報は得ているが、かえって多すぎて「選べない」という人もいます。あるいは、１つの組織に所属することなく、単発の活動に参加したいという希望者も増えています。

　また、NPOや施設などからは、「ボランティアを紹介してほしい」「ボランティア募集の方法を教えてほしい」といったニーズも寄せられます。こうした多様なニーズを受け止め、相談に乗り、具体的に活動先やボランティアを紹介するのが、「活動につなぐ場」のボランティアコーディネーション実務です。第２章第３節でもふれましたが、「活動につなぐ場」の代表的なものはボランティアセンターや市民活動センターなどの中間支援組織ですが、同様の機能を発揮している機関や団体、窓口は他にもさまざまに存在します。

　具体的な実務は、

①　市民の社会参加・協働を促進する。

　　・潜在層への働きかけ（ボランティアの理解促進、情報発信、きっかけづくり）

　　・顕在化したニーズへの対応（活動情報の提供、相談対応）

②　施設／団体のボランティア受け入れ・協働を促進する。

　　・潜在層への働きかけ（ボランティアの理解促進、ニーズ調査など）

　　・顕在化したニーズへの対応（相談対応、ボランティアプログラム開発、ボランティア募集支援）

③　市民が他の市民（ボランティア）との協働により問題解決するのを促進する。

・潜在ニーズの把握（ニーズ調査、情報発信、関係機関とのネットワーク
　　　づくりなど）
　　・顕在化したニーズへの対応（相談対応、既存の制度・サービスの調整、
　　　ボランティア募集）
　④　活動（協働）の成立と継続を支援する。
　　・活動先紹介、ボランティア紹介
　　・顔合わせ、オリエンテーション
　　・活動のフォローアップ
　⑤　活動（協働）のパワーアップによる社会課題への取り組みを支援
　　する。
　　・情報提供、相談対応
　　・グループ、組織化の支援
　　・学習支援
　　・活動資金づくりの支援
　⑥　ボランティア・市民活動活性化のための基盤整備を進める。
　　・ボランティアやNPO支援のための法制度づくり
　　・多様な機関、団体とのネットワークづくり

　以上、ここではボランティアコーディネーション実務の項目のみ掲載
しました。ボランティアコーディネーション力検定２級のテキストおよ
び直前研修では、グループワークも含めてこれら１つひとつについて詳
しく検討していきます。さらに１級では、分野や組織を超えた包括的な
ボランティアコーディネーションのあり方について深めていきます。関
心のある人は、ボランティアコーディネーション実務の向上のために、
ぜひ継続して学びを深めていっていただきたいと思います。

＊

　私たちの社会における「ボランティア」という存在とその活動、また
彼（女）らが作る組織の存在とその活動がもたらす意味の大きさを、そ
して私たちの社会が直面しているさまざまな課題を解決し、より良い状
態を生み出すために、「ボランティアコーディネーション」という機能
が必要不可欠であるということの理解が、本書を通じて少しでも広がっ
ていくことを願っています。そして、そのことを基盤として、ボラン
ティアコーディネーターの専門性と社会的認知の確立をめざしていきた
いと思います。

ボランティア
コーディネーション
関連年表

	江戸以前	明治	大正・戦前
社会の動き	1641～49 イギリスで清教徒革命 1688～89 イギリスで名誉革命 1775～83 アメリカ独立戦争 1789～94 フランス市民革命	1898(明31) 民法施行（公益法人制度、開始）	1923(大12) 関東大震災
Vコーディネーション			
市民活動全般	1647 イギリスで「VOLUNTEER」という言葉が誕生 1829 秋田感恩講（日本最古の民間救済組織）創設	1869 イギリスで「慈善組織化協会」設立 1884 イギリスで「トインビーホール」創設 1897(明30) 日本初のセツルメント、キングスレー館創設 1897(明30) 普通選挙期成同盟結成 1908(明41) 中央慈善協会発足（初代理事長に渋沢栄一就任）	1921(大10) 賀川豊彦、神戸購買組合（現・コープこうべ）設立
社会福祉	593 聖徳太子建立の四天王寺に、施薬院、療病院、悲田院が併設	1887(明20) 日本孤児教育会（後の岡山孤児院）開設 1891(明24) 日本初の知的障害児・者施設、滝乃川学園開設 1899(明32) 感化院（現・東京家庭学校）開設	1917(大6) 済世顧問制度、岡山県で開始 1918(大7) 方面委員制度、大阪府で開始
保健医療			
国際交流・多文化共生			1940(昭15) 日本初の外国人ホームステイ実施
海外協力			
学校教育青少年育成		1880(明13) 東京YMCA設立 1905(明38) 日本YWCA設立	1920(大9) YMCAがグループワークを使ったキャンプを開始 1920(大9) ガールガイド東京第一組（後のガールスカウト）発足 1922(大11) 少年団日本連盟（後のボーイスカウト）発足 1922(大11) 青少年赤十字発足
文化・芸術・スポーツ			
環境保全		1901(明34) 足尾銅山鉱毒事件で田中正造が直訴未遂事件	
災害救援・復興支援		1885(明18) 大阪淀川洪水の際に大阪朝日新聞社が義援金を募集	1923(大12) 関東大震災で横浜YMCA、救援本部開設 1924(大13) 関東大震災被災者のため帝大セツルメント創設
その他		1886(明19) 東京婦人矯風会（現・日本キリスト教婦人矯風会）設立 1888(明21) 静岡県出獄人保護会社設立（刑余者保護活動の嚆矢）	1919(大8) 大原孫三郎、大原社会問題研究所創設 1922(大11) 全国水平社結成 1939(昭14) 司法保護委員制度開始

	1945～50年代	1960年代	1970年代
社会の動き	1945(昭20)　第二次世界大戦、終結 1946(昭21)　日本国憲法、公布。第89条で公私分離原則を規定	1968～69(昭43～44)　全国の大学で学生運動、活発化 1969(昭44)　国民生活審議会が答申「コミュニティー生活の場における人間性の回復」発表	1971(昭46)　中央社福審「コミュニティ形成と社会福祉」答申 1971(昭46)　文部省「婦人奉仕活動促進方策」研究委嘱。社会教育審「ボランティア活動の促進」含む答申発表 1973(昭48)　石油ショック。高度経済成長の終焉
Vコーディネーション			1976(昭51)　大阪ボランティア協会が「ボランティアコーディネーター講座」開催 1977(昭52)　2月に「月刊ボランティア」（大阪ボランティア協会）、7月に「月刊福祉」（全社協）に「ボランティアコーディネーター」に関する原稿掲載
市民活動全般	1947(昭22)　共同募金開始 1947(昭22)　博友会（現・富士福祉事業団）発足 1948(昭23)　赤十字奉仕団発足	1960(昭35)　博友会、「ボランティアの育成」開始 1963(昭38)　ボランティア東京ビューロー発足 1965(昭40)　ベトナムに平和を！市民連合（ベ平連）結成 1965(昭40)　大阪ボランティア協会発足 1967(昭42)　日本青年奉仕協会（JYVA）発足 1968(昭43)　富士福祉事業団が富士ボランティアビューロー設立	1977(昭52)　「ボランティア活動保険」開始 1977(昭52)　松下電器産業労働組合「松下ボランティアクラブ」設立 1977(昭52)　静岡県ボランティア協会発足 1978(昭53)　山梨県ボランティア協会発足
社会福祉	1946(昭21)　民生委員制度開始 1947(昭22)　「児童福祉法」制定 1949(昭24)　「身体障害者福祉法」制定 1950(昭25)　「生活保護法」制定 1951(昭26)　「社会福祉事業法」制定 1956(昭31)　長野市で家庭養護婦派遣事業開始	1960(昭35)　「精神薄弱者（知的障害者）福祉法」制定 1962(昭37)　徳島県社会福祉協議会が善意銀行設立 1963(昭38)　「老人福祉法」制定 1964(昭39)　「母子（及び寡婦）福祉法」制定	1972　アメリカ・バークレーに世界初の自立生活センター開設 1973(昭48)　仙台で車いす市民全国集会、開催 1979(昭54)　「新経済社会7か年計画」において「日本型福祉社会」という用語を使用
保健医療		1962(昭37)　淀川キリスト教病院で病院ボランティア活動開始	1970(昭45)　病院ボランティア連絡会（日本病院ボランティア協会　'74に改称）発足
国際交流・多文化共生	1955(昭30)　日本と海外の姉妹都市提携開始 1956(昭31)　外国人ホームステイ再開		1970(昭45)　日本国際交流センター発足 1977(昭52)　自治体設立初の神奈川県国際交流協会設立
海外協力		1960(昭35)　日本キリスト教海外医療協力会発足 1965(昭40)　青年海外協力隊発足	1972(昭47)　ヘルプ・バングラデシュ・コミティ（現・シャプラニール＝市民による海外協力の会）発足
学校教育・青少年育成	1947(昭22)　学校教育法制定 1947(昭22)　「京都少年保護学生連盟」（BBS運動の前身） 1949(昭24)　社会教育法制定 1951(昭26)　中央青少年団体連絡協議会結成 1952(昭27)　愛媛でVYS運動開始 1959(昭34)　国立中央青年の家開所	1964(昭39)　全国子ども会連合会発足 1966(昭41)　青少年育成国民会議設立 1967(昭42)　大阪府総合青少年野外活動センター開所	1975(昭50)　国立室戸少年自然の家（日本初の国立青少年自然の家）開所 1977(昭52)　「学童・生徒のボランティア活動普及事業」（「ボランティア協力校」制度）開始
文化・芸術・スポーツ		1962(昭37)　日本スポーツ少年団結成 1966(昭41)　おやこ劇場始まる	1974(昭49)　北九州市立美術館が展示解説ボランティアを導入 1974(昭49)　上野動物園にボランティア団体発足
環境保全	1955(昭30)　富山県神通川流域で発生する症状を「イタイイタイ病」と命名 1956(昭31)　熊本県で水俣病発見	1960(昭35)　四日市ぜんそく、問題化 1965(昭40)　新潟県で第二水俣病、発見 1969(昭44)　公害被害者全国大会開催	
災害救援・復興支援			
その他	1955(昭30)　日本母親大会開催 1955(昭30)　原水爆禁止日本協議会結成	1965(昭40)　原水爆禁止日本国民会議結成	1971(昭46)　関西公共広告機構（現・公共広告機構）発足 1974(昭49)　トヨタ財団設立

191

	1980年代	1990～94年	1995～99年
社会の動き	1981(昭56) 経済企画庁「ボランティアの実態」発行 1985(昭60) プラザ合意 1989 マルタ会談で冷戦終了	1990(平2)「生涯学習振興法」制定 1992(平4) 生涯学習審議会が答申「今後の社会動向に対応した生涯学習の振興方策について」を発表 1992(平4) 岩波新書「ボランティア＝もうひとつの情報社会」発行 1994(平6) NHKが「週刊ボランティア」放送開始	1995(平7)「阪神・淡路大震災」発災 1998(平10) 特定非営利活動促進法（NPO法）が成立 1999 国連事務総長、「グローバルコンパクト」提唱 1999(平11) 横浜市が「横浜市における市民活動との協働に関する基本指針」（横浜コード）発表
Vコーディネーション	1983(昭58) 京阪神需給調整担当者懇談会発足 1983(昭58) 大阪に「ボランティアコーディネーター研究会」発足 1987(昭62) 東京に「ボランタリーアクション研究会」発足	1992(平4) 全国ボランティア活動振興センターより「ボランティアコーディネーターマニュアル」（1990年の改訂版）発行 1994(平6) 全国ボランティアコーディネーター研究集会（JVCC）、開催	1997(平9) 全社協「ボランティアコーディネーター研修プログラム教材開発研究委員会」開設 1998(平10) とくしまボランティアコーディネーター交流学会発足 1999(平11) 北海道ボランティアコーディネーター協会発足
市民活動全般	1981(昭56) 東京ボランティアセンター（現・東京ボランティア市民活動センター）開設 1981(昭56) 世田谷ボランティア協会発足 1982(昭57) 北九州市障害福祉ボランティア協会発足 1983(昭58) 全国民間ボランティアセンター懇談会（後に全国民間ボランティア・市民活動推進団体会議）発足	1990(平2) 経団連1％クラブ発足 1993(平5) 企業でボランティア休暇制度導入 1993(平5) トヨタ自動車が「トヨタボランティアセンター」開設 1994(平6) 広がれボランティアの輪連絡会議が発足 1994(平6) シーズ＝市民活動を支える制度をつくる会発足	1996(平8) 日本NPOセンター発足 1998(平10) 日本ボランティア学会、国際ボランティア学会創設 1999(平11) 日本NPO学会創設
社会福祉	1985(昭60) 厚生省が「福祉ボランティアのまちづくり事業（ボラントピア事業）」実施。社協ボランティアセンターにボランティアコーディネーターの配置進む	1990(平2) 住民参加型在宅福祉サービス団体全国連絡会発足 1991(平3) さわやか福祉財団発足 1993(平5) 4月厚生大臣告示「国民の社会福祉に関する活動への参加の促進を図るための措置に関する基本的な指針」、7月中央社福審地域福祉分科会が意見具申「ボランティア活動の中長期的な振興方策について」発表	1997(平9) 保育所入所方式の変更
保健医療			1995(平7) 病院ボランティアの導入が、病院機能評価の1つの指標に
国際交流・多文化共生	1982(昭57) 難民条約・難民議定書発効 1988(昭63) 箱根会議：国際交流担い手ネットワーク全国会議開始（～1997） 1989(平1)「地域国際交流推進大綱の策定」自治体に通達		1995(平7) 阪神・淡路大震災を契機に、外国人支援を目的に大阪に市民団体「多文化共生センター」設立
海外協力	1980(昭55) 日本国際ボランティアセンター発足 1981(昭56) 曹洞宗ボランティア会（現・シャンティ国際ボランティア会）発足 1987(昭62) NGO活動推進センター（現・国際協力NGOセンター）発足 1989(昭64) 外務省NGO事業補助金開始	1991(平3) 郵便局で「国際ボランティア貯金」開始（～2007）	1998(平10) JICA（国際協力事業団）開発パートナー事業開始（～2002）
学校教育青少年育成	1981(昭56) 上智社会福祉専門学校にボランティア・ビューロー開設 1982(昭57)「全国ボランティア学習指導者連絡協議会」（現、日本ボランティア学習協会）発足 1984(昭59) 自然教室推進事業補助開始 1989(平1) 日本福祉教育専門学校にボランティアコーナー開設	1993(平5) 文部事務次官が「高校入試時にボランティア活動歴を評価せよ」との通知発表 1993(平5) 淑徳短期大学が「ボランティア情報室」開設	1995(平7) 阪神・淡路大震災を契機に、関西学院大、神戸大でボランティアセンター設立 1995(平7) 日本福祉教育・ボランティア学習学会発足 1996(平8) 青少年の野外教育の充実について報告 1997(平9) 生涯学習審議会より「生涯学習の成果を生かすための方策について」 1998(平10) 日本ボランティア学習協会発足
文化・芸術・スポーツ	1983(昭58) 福島県喜多方プラザ文化センターで舞台技術系のボランティア育成開始 1985(昭60) ユニバーシアード神戸大会で初めてスポーツボランティア活躍 1986(昭61) 国立科学博物館、参加体験型展示への指導助言活動開始 1987(昭62) 北海道開拓の村、展示解説、演示活動開始	1990(平2) 企業メセナ協議会発足 1990(平2) 武生国際音楽祭、実行委員会形式で実施	
環境保全	1984(昭59) 環境庁が「環境ボランティア構想」発表 1988(昭63) 建設省が「ラブリバー制度」創設	1990(平2) 滋賀県環境生協発足 1992(平4) 国連環境開発会議（リオサミット）で「アジェンダ21」採択 1993(平5)「地球環境基金」創設	1996(平8) 地球環境パートナーシッププラザ（GEIC）開設 1997(平9) 京都で気候変動枠組条約第3回締結国会議（COP3）開催
災害救援・復興支援			1995(平7) 阪神・淡路大震災。初の災害ボランティアセンター（被災地の人々を応援する市民の会）発足 1997(平9) ナホトカ号重油流出事故。「ボランティアバス」誕生
その他	1980(昭55) 大阪で市民オンブズマンが発足 1981(昭56) 大阪ガスの「小さな灯」運動開始 1985(昭60) セルフヘルプ活動支援センター準備会発足		

	2000年代	2010年代以降
社会の動き	2000（平12）　地方分権一括法施行 2003（平15）　指定管理者制度開始 2006（平18）　「骨太の方針2006」で社会保障費抑制 2006（平18）　教育基本法改正 2007（平19）　「国民生活白書」、「つながりが築く豊かな国民生活」特集 2008（平20）　公益法人制度改革で新制度に移行 2008　リーマンショック	2010（平22）　新しい公共円卓会議設置 2010（平22）　ISO26000（社会的責任に関するガイダンス規格）発行 2011（平23）　「東日本大震災」発災 2011（平23）　「新しい公共支援事業」開始 2011（平23）　NPO法大幅改正 2013（平25）　共助社会づくり懇談会設置 2020（令2）　新型コロナウイルス感染症の拡大が国内でも始まる 2023（令5）　「孤独・孤立対策推進法」公布 2024（令6）　「令和6年能登半島地震」発災
Vコーディネーション	2001（平13）　日本ボランティアコーディネーター協会（JVCA）発足 2004（平16）　JVCAが「ボランティアコーディネーター基本指針」発表 2009（平21）　JVCAが「ボランティアコーディネーション力検定」開始	2012（平24）　JVCA総会で「ボランティアコーディネーター倫理綱領」採択 2022（令4）　ボランティアコーディネーション力3級検定合格者が6000人を超える
市民活動全般	2000（平12）　日本初のクリック募金サイト、開設 2001（平13）　日本政府の提唱で制定された「ボランティア国際年」 2001（平13）　Wikipedia、開始 2004（平16）　全国NPOバンク連絡会発足 2009（平21）　日本ファンドレイジング協会発足 2009（平21）　社会的責任に関する円卓会議創設 2009（平21）　京都地域創造基金発足	2013（平25）　あいちコミュニティ財団発足 2014（平26）　全国コミュニティ財団協会発足 2018（平30）　特定非営利活動法人数が減少に転じる
社会福祉	2000（平12）　社会福祉事業法が「社会福祉法」に改正 2000（平12）　「介護保険法」施行（NPO法人の事業者化進む） 2006（平18）　「障害者自立支援法」施行 2008（平20）　「これからの地域福祉のあり方に関する研究会報告書〜地域における『新たな支え合いを求めて』─住民と行政の協働による新しい福祉─」発表	2013（平25）　「障害者総合支援法」改正 2015（平27）　「生活困窮者自立支援法」施行 2015（平27）　介護保険制度に生活支援サービス導入 2016（平28）　地域共生社会実現をめざした社会福祉法改正 2020（令2）　重層的支援体制事業が創設
保健医療		2010（平22）　病院ボランティア評価の対象が緩和ケア機能となる 2018（平30）　病院機能評価の付加機能の見直しで緩和ケアのボランティアの項目が削除
国際交流・多文化共生	2003（平15）-2005（平17）　「国際交流協力全国実践者会議」が実行委員会形式で開催される 2007（平19）　総務省「多文化共生の推進に関する研究会報告書2007」 2009（平21）　入国管理法及び難民認定法、住民基本台帳法改正	2012（平24）　総務省「多文化共生の推進に関する研究会報告書2012」 2019（令元）　「入管法」改正により特定技能の在留資格が創設 2019（令元）　「日本語教育の推進に関する法律」施行
海外協力	2000（平12）　「国連ミレニアム宣言」。ミレニアム開発目標（MDGs）、採択 2002（平14）　JICA草の根技術協力事業開始 2002（平14）　外務省日本NGO支援無償資金協力開始 2005（平17）　「ほっとけない世界のまずしさキャンペーン」開始（〜2008） 2007（平19）　2008年G8サミットNGOフォーラム発足 2009（平21）　貧困問題解決のNGOネットワーク「動く→動かす」発足	2015（平27）　国連で「持続可能な開発目標（SDGs）」採択 2023（令5）　「開発協力大綱」改定を閣議決定
学校教育青少年育成	2000（平12）　「教育改革国民会議」で「奉仕活動の義務化」提案 2001（平13）　学校教育法、社会教育法改正。「ボランティア活動などの社会奉仕体験活動」が教育機関に責務化 2002（平14）　「体験活動ボランティア活動支援センター」設置 2002（平14）　「総合的な学習の時間」本格実施 2007（平19）　東京都立高校で教科「奉仕」が必修化 2008（平20）　「学校支援地域本部事業（文部科学省施策）」開始	2017（平29）　学校運営協議会制度（コミュニティ・スクール）設置が努力義務化
文化・芸術・スポーツ	2002（平14）　文化庁長官より文化ボランティア提唱 2003（平15）　文化庁が「文化ボランティア推進モデル事業」開始 2006（平18）　文化庁「文化ボランティア活動実態環境調査報告書」発行 2008（平20）　文化庁が「文化ボランティア支援拠点形成事業」を開始	2010（平22）　「文化ボランティアコーディネーター養成に関する調査研究」発行 2011（平23）　「社会教育調査」実施 2011（平23）　文化芸術に関する基本的な方針（第3次基本方針）が閣議決定 2012（平24）　「劇場・音楽堂等の活性化に関する法律」施行
環境保全	2001（平13）　市民から集めた基金による「市民風車」設立 2002（平14）　ヨハネスブルグサミットで「国連持続可能な開発のための教育（ESD）の10年」提唱、国連で採択 2003（平15）　中央環境審「環境保全活動の活性化方策について」 2003（平15）　「環境保全活動・環境教育推進法」成立（2012改正） 2006（平18）　リサイクル法「改正市民案」の趣旨、国会で付帯決議 2008（平20）　環境を主要なテーマに掲げた「洞爺湖サミット」開催	2010（平22）　名古屋「生物多様性条約締結国会議」で環境団体ネットワーク成立 2012（平24）　RIO+20でNGO連絡会成立 2012（平24）　民間環境保全団体の調査結果「環境NGO・NPO総覧」 2014（平26）　ESDに関するユネスコ世界会議でESDの10年総括
災害救援・復興支援	2004（平16）　中越地震 2004（平16）　インド洋大津波 2005（平17）　災害ボランティア支援プロジェクト会議（支援P）発足	2011（平23）　東日本大震災 2014（平26）　平成26年8月豪雨 2015（平27）　第3回国連防災世界会議、仙台で開催 2016（平28）　平成28年（2016年）熊本地震 2020（令2）　災害ボランティアセンターにかかる費用が災害救助法の国庫負担化 2022（令4）　JVOADが「被災者支援コーディネーションガイドライン」発行 2024（令6）　令和6年能登半島地震
その他	2003（平15）　日本企業にCSRブーム 2008（平20）　日比谷公園に年越し派遣村開設	

日本ボランティアコーディネーター協会（JVCA）とは

　市民が主体的に問題解決に取り組む社会を実現するために、一人ひとりの社会参加意識を高め、積極的に行動することを応援する専門スタッフとして「ボランティアコーディネーター」の存在はきわめて重要です。しかし、十分に社会的認知を得ていないことから、多様な分野で活動するボランティアコーディネーターの専門性の向上と社会的認知を進め、専門職としての確立を図ることを目的に2001（平成13）年１月に設立（同年８月にNPO法人化）しました。

　1994（平成６）年から有志によって毎年開催されてきた「全国ボランティアコーディネーター研究集会（JVCC）」の主催をはじめ、各種研修セミナーの実施、講師の派遣、調査研究や書籍出版などを行っています（会員：421人＜2023（令和５）年12月現在＞）。

＜JVCAがめざすもの＞
ボランティアコーディネーターを専門職として確立することをめざしています

＜事業・活動の５つの柱＞
1　ボランティアの魅力と可能性を伝える
2　ボランティアコーディネーションの機能を普及させる
3　ボランティアコーディネーターのネットワークを確立する
4　ボランティアコーディネーターの専門性を向上させる
5　ボランティアコーディネーターの社会的認知を促進する

＜取り組んでいる事業＞

1　情報の収集と提供活動	2　全国研究集会の開催	3　検定システムの実施
①ニュースレターの発行 ②メールマガジンの発信 ③ブックレット・書籍の発行 ④ホームページの運営 ⑤公式facebook・YouTubeの運営	①全国のボランティアコーディネーターたちが一堂に会する＜研究集会＞の開催	①ボランティアコーディネーション力１級・２級・３級検定試験・直前研修の実施 ②合格者のための事例検討会の開催
4　研修開催・講師派遣	5　調査・研究活動	6　ネットワークの推進
①ボランティアコーディネーター初任者向け研修の開催 ②ステップアップ研修の開催 ③ボランティアコーディネーション関連の研修への講師派遣	①組織・団体への専門職としてのボランティアコーディネーター配置促進のための研究 ②ボランティアコーディネーション・グッドプラクティス事例の収集と分析	①会員メーリングリストの運営 ②会員交流の場＜CoCoサロン＞の開催支援 ③国内外の関係団体との連携、協働

ぜひ、JVCA の会員になってください！

○ JVCA の活動は、会員の参加と会費・寄付金等で成り立っています。ボランティア受け入れや養成担当者、ボランティア活動推進にかかわるスタッフ、研究者など、現在約420人のボランティアコーディネーション業務にかかわる人たちが加入しています。

※2023（令和5）年12月現在

会員の種類	正会員 個人会員	準会員 個人会員	賛助会員	
			個人会員（1口）	団体会員（1口）
年　会　費	10,000円	5,000円	3,000円	10,000円
議　決　権	○	―	―	
ニュースレター	○	○	○	○
メーリングリスト参加	○	○	○	―
各　種　割　引	○	○	―	―

◆年会費とは、毎年1月1日から同年12月31日までの1年間の会費です。

◆正会員は、総会での議決権があります。

◆準会員は、入会年度に限ります（次年度以降は、正会員へ移行してください）。また、総会での議決権はありません。

◆賛助会員は、JVCA の活動趣旨に賛同し、財政的支援をする会員です。また、総会での議決権や各種の会員割引制度は適用されません。

会員になると

・JVCA 発行のニュースレター「Co ★ Co ★ Net」、メールマガジン「めるまが Co ★ Co ★ Net」が届く。

・会員メーリングリストで全国の会員と情報交換ができる。

・研修参加費、JVCA 出版図書が割引になる（正会員・準会員）。

・検定料（直前研修）が割引になる（正会員のみ）。

会員になるには

①所定の入会申込書（ホームページ上にもあります）にご記入のうえ、FAX またはメールにて協会事務局までお送りください。

↓

②会費を下記の口座にお振込みください。

口座名義：特定非営利活動法人　日本ボランティアコーディネーター協会

郵便振替口座　口座番号：００１５０－２－６８００２

銀行口座　　　口座番号：三菱ＵＦＪ銀行　原宿支店　普通　１２５９８７８

認定特定非営利活動法人　日本ボランティアコーディネーター協会

〒162-0825　東京都新宿区神楽坂2-13　末よしビル別館30D
TEL：03-5225-1545　FAX：03-5225-1563
E-mail：jvca@jvca2001.org　https://www.jvca2001.org/

著者プロフィール

早瀬 昇（はやせ・のぼる）　第1章

大阪ボランティア協会理事長、日本 NPO センター顧問。1955年大阪府生まれ。京都工芸繊維大学で電子工学を専攻するも、学生時代に交通遺児家族支援、地下鉄のバリアフリー化、市民活動情報誌の編集などの市民活動に次々に参加。大学卒業後、フランスやベルギーの障害者グループホームでケアワーカーを経験した後、1978年に大阪ボランティア協会に就職。協会に勤務しつつ、1979年に大阪府立大阪社会事業短期大学専攻科修了。1991年から2010年まで事務局長。現在、日本ボランティアコーディネーター協会理事、日本ファンドレイジング協会理事なども務める。著書に『「参加の力」が創る共生社会——市民の共感・主体性をどう醸成するか』（ミネルヴァ書房）、『ボランティア・テキストシリーズ23　寝ても覚めても市民活動論——ミーティングや講座の帰り道に読む35の視点』『企業人とシニアのための市民活動入門——会社から地域へ、そして再び社会へ』（ともに大阪ボランティア協会）、『岩波ブックレット No.618 NPO がわかるQ&A』（岩波書店・共著）などがある。

筒井 のり子（つつい・のりこ）　はじめに、序章、第2章、終章

龍谷大学社会学部教授。1983年、関西学院大学大学院社会学研究科博士課程前期課程修了。学生時代に大規模なボランティアサークルで初の女性部長になり、ボランティア団体の運営の難しさと面白さを体感。院生の頃から、大阪ボランティア協会の非常勤スタッフとして、大阪府寝屋川市において地域福祉を推進する市民活動団体の事務局を7年間担う。その後、いくつかの大学を経て1999年より現職。日本ボランティアコーディネーター協会設立の準備段階から参画し、2004年度から2007年度、2012年度から2015年度まで代表理事を務める。大阪ボランティア協会常任運営委員、大阪府高槻市や滋賀県大津市の社会福祉審議会委員、地域福祉計画策定委員長など。著書に『ボランティア・テキストシリーズ7　ボランティア・コーディネーター——その理論と実際』（大阪ボランティア協会）、『ワークブック社会福祉援助技術演習5　コミュニティソーシャルワーク』（ミネルヴァ書房）、『なぜ、ボランティアか？——「思い」を生かす NPO の人づくり戦略』（海象社・共訳）などがある。

ボランティアコーディネーション力 第3版
——市民の社会参加を支えるチカラ
ボランティアコーディネーション力検定公式テキスト

2015年6月10日　初版発行
2017年4月25日　第2版発行
2024年3月20日　第3版発行

編　集……………認定特定非営利活動法人
　　　　　　　　日本ボランティアコーディネーター協会

著　者……………早瀬　昇、筒井のり子

発行者……………荘村明彦

発行所……………中央法規出版株式会社
　　　　　　　　〒110-0016 東京都台東区台東3-29-1　中央法規ビル
　　　　　　　　TEL 03-6387-3196
　　　　　　　　https://www.chuohoki.co.jp/

印刷・製本………長野印刷商工株式会社
装幀……………石原雅彦
ISBN978-4-8243-0010-2

定価はカバーに表示してあります。

落丁本・乱丁本はお取り替えいたします。

本書の内容に関するご質問については、下記 URL から「お問い合わせフォーム」にご入力いただきますようお願いいたします。
https://www.chuohoki.co.jp/contact/

A010